Addieren und subtrahieren

Name:

zu Seite 4/5

1
+ 6
18
27
49
76
− 5
22
43
81
64
Hafengas
+ 9
44
88
23
35
2
− 4 9 7
21
83
− 5 8 6
53
74
+ 5 7 6
47
69
D1719105
3
63
73 − 7 = ___ 73 − 8 = ___
83 − 7 = ___ 83 − 8 = ___
37 + 5 = ___ 37 + 6 = ___
38 + 5 = ___ 38 + 6 = ___
39 + 5 = ___ 39 + 6 = ___
4
25 + 7 ___ + 5 ___ + 9 ___ − 8 ___ − 6 ___

Rechnen mit zweistelligen Zahlen

Name:

1 Wie rechnest du?

a) 47 + 25 b) 38 + 38 c) 64 + 18

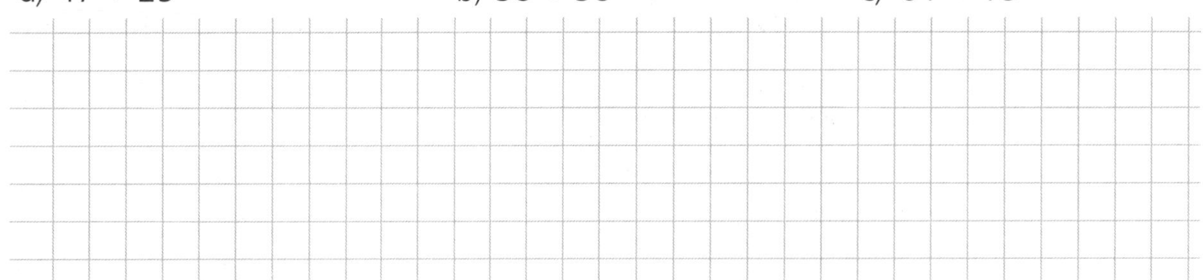

2 a) 47 + 25 b) 38 + 38 c) 64 + 18

3

Jn jedem Waggon ist eine Zahl der Siebener-Reihe versteckt.
a) Die Zahl ist um 26 kleiner als 75.
b) Die Zahl ist um 39 größer als 24.
c) Die Zahl ist das Doppelte von 28.
d) Die Zahl ist halb so groß wie 70.

4

a) + 24 →

47	
68	
56	
19	
72	

b) + 37 →

26	
	99
45	
	47
	88

c) − 18 →

82	
74	
66	
27	
45	

d) − 33 →

91	
	44
	37
52	
67	

9 10 19 27 28 34 43 48 51 56 58 62 63 64 70 71 77 80 82 92 96

Addieren, subtrahieren und ergänzen

Name: ____________________

zu Seite
8/9

1 Rex ist 67 cm groß, Bello nur 49 cm.
Wie groß ist der Unterschied? U____

2 Berechne den Unterschied.

a) 48 U____ 86   97 U____ 51   62 U____ 94   71 U____ 69

b) 50 U____ 36   84 U____ 90   79 U____ 81   93 U____ 94

REX
KRIMI
Bello

3

a)
17
20
23
10
7
13

b)
27
15
23
9

c)
23
37
16
34

4

a)
99
40
40
36
b)
99
49
26
13

c)
99
43
37
1

5

Wenn ich zu meiner Zahl 48 addiere, erhalte ich 100.

Lösungszahl: ____________

Wenn ich von meiner Zahl 66 subtrahiere, erhalte ich 33.

Lösungszahl: ____________

6

Wenn ich von meiner Zahl 48 subtrahiere und dann 5 addiere, erhalte ich 50.

Lösungszahl: ____________

Wenn ich meine Zahl verdopple und 8 subtrahiere, erhalte ich 80.

Lösungszahl: ____________

44   52   83   93   99

Multiplizieren und dividieren

Name:

1 Von den leichten Aufgaben zu den schweren Aufgaben.

a)	b)	c)	d)
$5 \cdot 8 =$ ____	$2 \cdot 7 =$ ____	$10 \cdot 6 =$ ____	$5 \cdot 5 =$ ____
$6 \cdot 8 =$ ____	$3 \cdot 7 =$ ____	$9 \cdot 6 =$ ____	$4 \cdot 5 =$ ____
$7 \cdot 8 =$ ____	$4 \cdot 7 =$ ____	$8 \cdot 6 =$ ____	$3 \cdot 5 =$ ____

2 Wer malnehmen kann, kann auch teilen.

a)	b)	c)	d)
$3 \cdot 7 =$ ____	$4 \cdot 6 =$ ____	$2 \cdot 5 =$ ____	$7 \cdot 6 =$ ____
$21 : 7 =$ ____	$24 : 6 =$ ____	$10 : 5 =$ ____	$42 : 6 =$ ____
$2 \cdot 8 =$ ____	$3 \cdot 5 =$ ____	$8 \cdot 1 =$ ____	$9 \cdot 8 =$ ____
$16 : 8 =$ ____	$15 : 5 =$ ____	$8 : 1 =$ ____	$72 : 8 =$ ____

3 a)

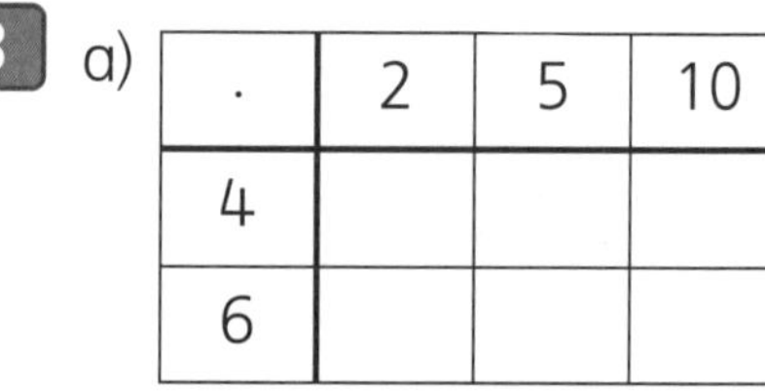

·	2	5	10
4			
6			

b)

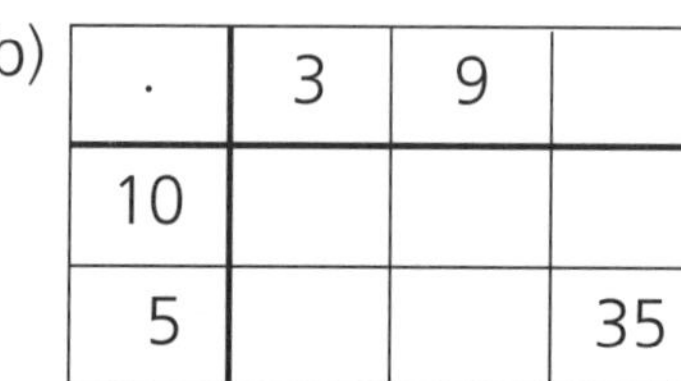

·	3	9	
10			
5			35

c)

:	2	6	3
18			
12			

2 3 4 6 6 7 8 9 12 15 20 30 30 40 45 55 60 70 90

4 Hier fehlt eine Zahl im Kopf. Findest du sie?

a)

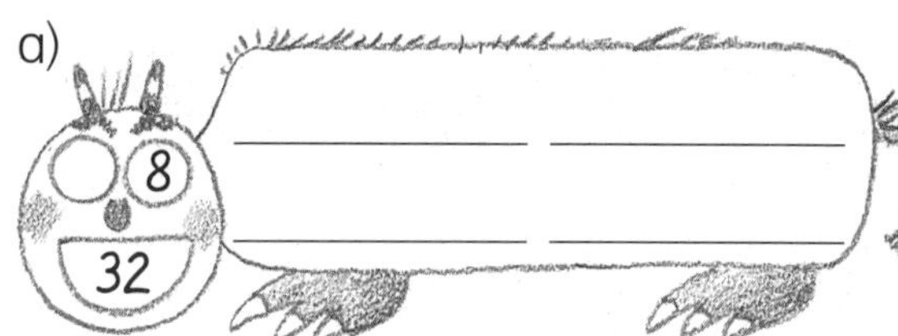
8
32

b)

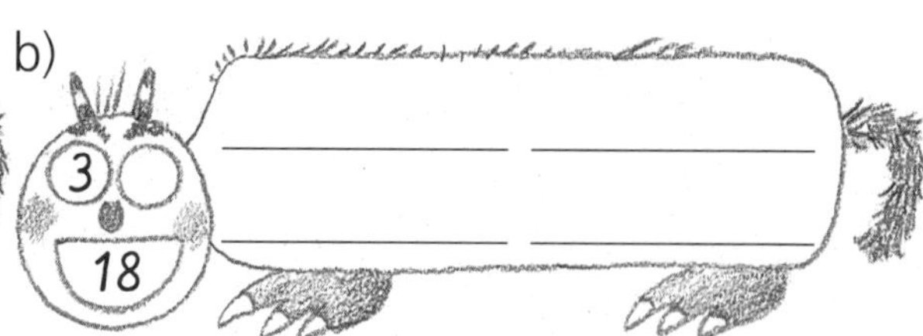
3
18

5

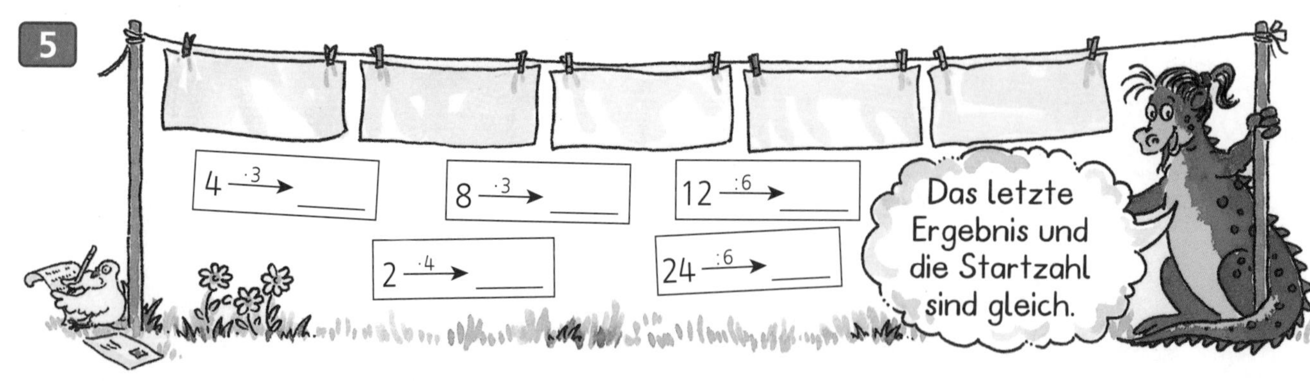
4 ·3 → ____
8 ·3 → ____
12 :6 → ____
2 ·4 → ____
24 :6 → ____
Das letzte Ergebnis und die Startzahl sind gleich.

6

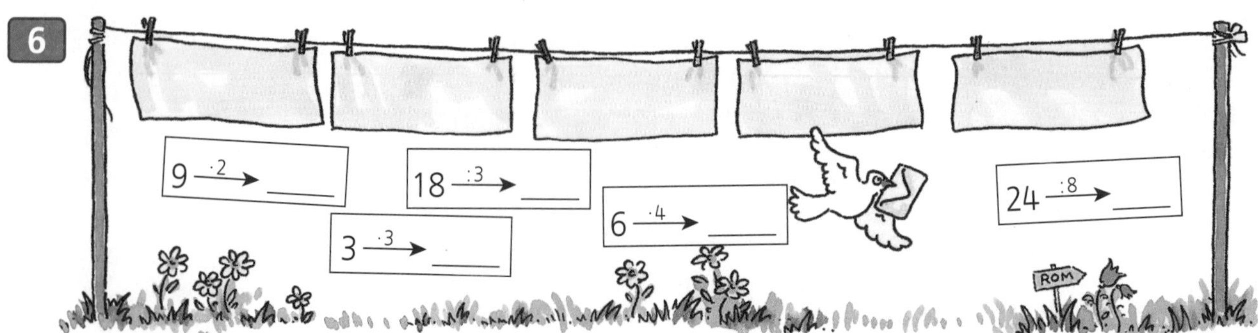
9 ·2 → ____
18 :3 → ____
3 ·3 → ____
6 ·4 → ____
24 :8 → ____
ROM

Name:

zu Seite 14/15

1 Die Kinder der Klasse 3a basteln Plakate für das Theaterstück „Zahlix und Zahline im Zauberwald". Die Lehrerin besorgt dafür Karton. Ein großer Bogen Karton kostet 2 €. Insgesamt bezahlt sie 14 €. Aus einem Bogen können die Kinder zwei Plakate basteln.

ZAHLIX UND ZAHLINE
IM ZAUBERWALD
Puppentheater
gespielt von der Klasse 3a
12.-15. Oktober
Beginn: 13.45 Uhr
Erwachsene: 2€
Kinder: 1€
Wir freuen uns über viele Zuschauer!

a) Welche Fragen kannst du beantworten? Kreuze an.

- Wie groß ist ein Bogen Karton? ☐
- Wie viele Bogen hat die Lehrerin gekauft? ☐
- Wie viele Kinder sind in der Klasse? ☐
- Wie viele Plakate können gebastelt werden? ☐

b) Schreibe zu beiden richtigen Fragen die Lösung und die Antwort auf.

L:

A: ______________________

L:

A: ______________________

c) Immer zwei Schüler basteln ein Plakat.
Wie viele Kinder sind in der Klasse?

L:

A: ______________________

2 Wie viel Geld haben die Kinder an den beiden Tagen insgesamt eingenommen?

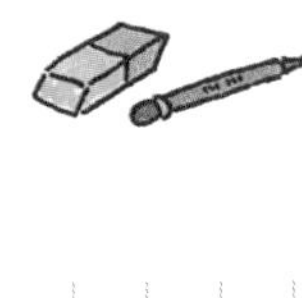

Gestern kamen 18 Erwachsene und 27 Kinder.

Vorgestern kamen
22 Erwachsene
und 20 Kinder.

Erwachsene zahlen 2 Euro Eintritt, Kinder nur 1 Euro.

L:
A:

zu Seite 16/17

Orientierung im Zahlenraum bis 200

Name: ____________________

1 Wie viele Punkte sind es?

a) 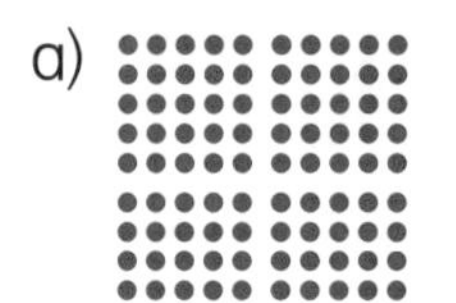  ______

b) 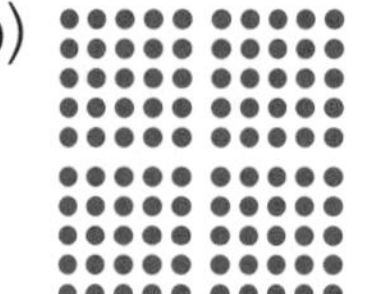  ______

c) 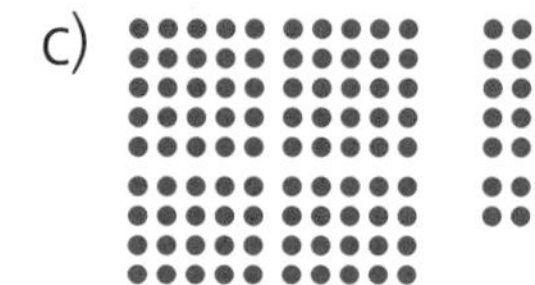 ______

2

I	C	
163	184	198

114	109	143

166	128	177	135	155

163	143

169	122	117	166	148	139

152	186	139	130

101		E						I	
111			B			A			
121	L						C		I
131				O				E	
141		N					S		
151	D			N					
161		I			S			K	
171						H			
181	S		C		R				
191							H		

3 Trage die fehlenden Zahlen ein.

a) 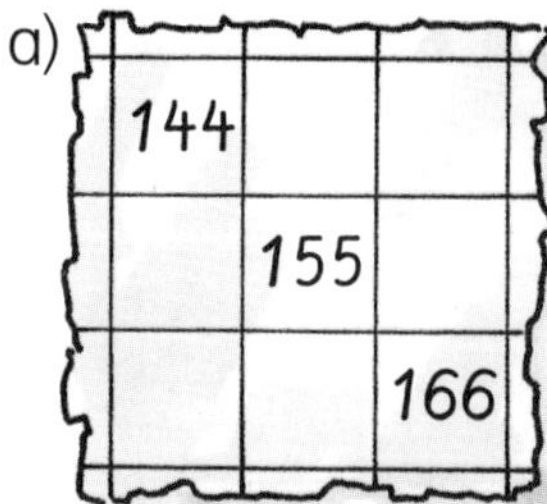
144
155
166

b) 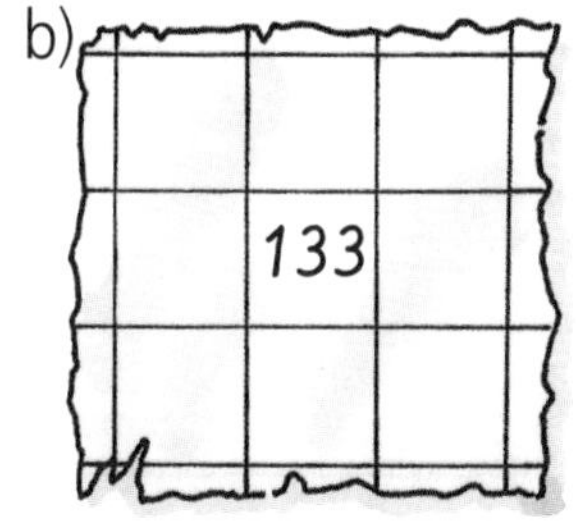
133

c) 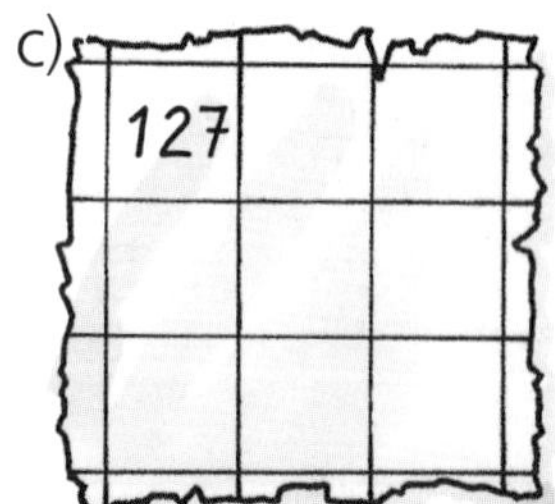
127

d) 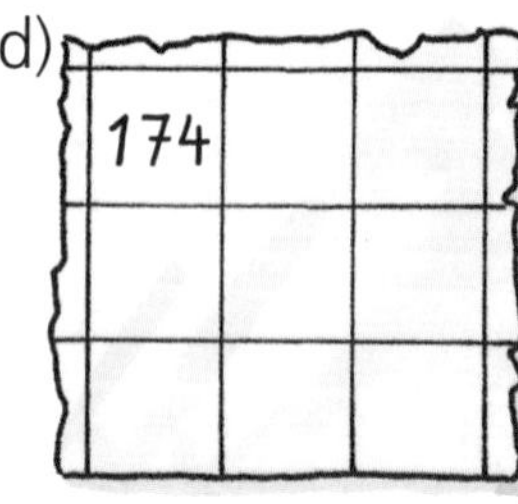
174

4 a) Trage die fehlenden Zahlen ein.

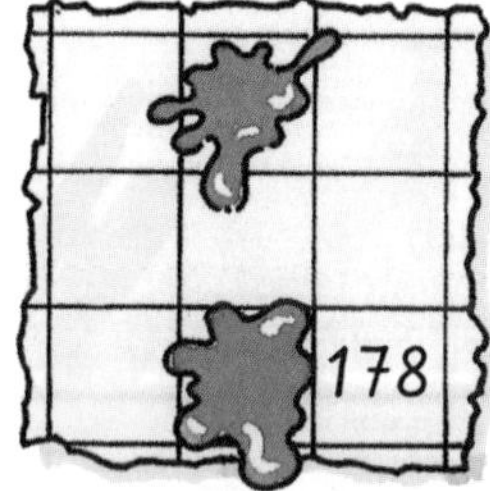
178

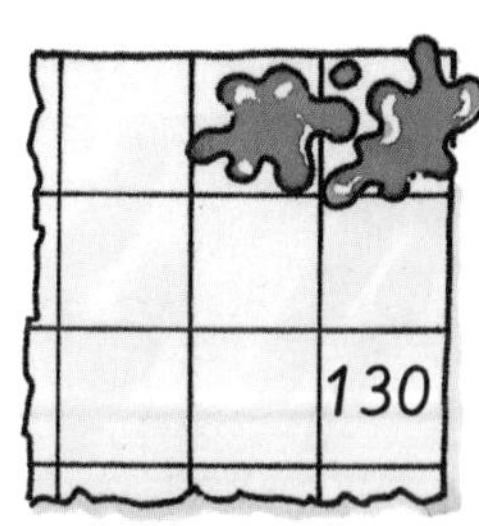
130

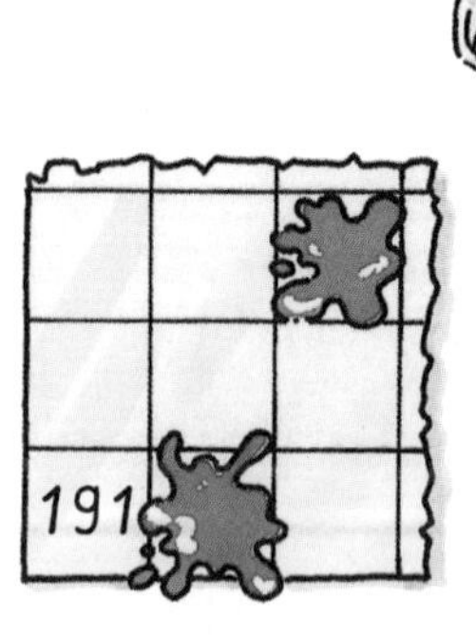
191

144

b) Welche Zahlen sind verdeckt?

____

Ordne diese Zahlen der Größe nach. Beginne mit der kleinsten Zahl.

____

7 + 15 = 62
3 + 27 = 55
+ 18 =
+ 40 =
5 + 37 =
1 + 29 =
7 + 24 =
93 − 26 =
86 − 58 =
72 − 34 =
100 − 89 =
63 − 15 =
55 − 49 =
80 − 38 =
36 : 9 =
56 : 8 =
24 : 4 =
15 : 3 =
21 : 7 =
48 : 6 =
2 · 7 =
5 · 8 =
10 · 9 =
6 · 3 =
4 · 6 =
7 · 8 =
9 · 5 + 5 =
8 · 7 + 8 =
6 · 7 + 6 =
5 · 5 − 3 =
4 · 8 − 6 =
7 · 9 − 1 =
36 : 4 + 25 =
70 : 7 + 43 =
4 + 32 + 7 =
9 + 16 + 5 =
7 + 25 + 31 =
6 + 16 + 24 =
7 − 9 − 28 =
2 − 23 − 35 =
5 − 8 − 7 =
4 − 28 − 41 =
Zahlen verbinden.
Welches Wort erhältst du?

zu Seite 21/22

Hunderter, Zehner, Einer

Name:

1 Geheimschrift! Wie heißen die Zahlen?

2 Schreibe die Zahlen in Geheimschrift.

254 316 137

3 Welche Zahlen sind es?

a) 4 H + 3 Z + 8 E = ____
7 H + 2 Z + 9 E = ____
3 H + 4 Z + 5 E = ____

b) 5 Z + 7 E = ____
6 H + 3 E = ____
7 H + 8 Z = ____

c) 3 H + 8 Z + 4 E = ____
2 H + 4 Z + 1 E = ____
5 H + 9 Z = ____

4 Wie heißen diese Zahlen?

a) 17 E = ____ Z + ____ E = ____
39 E = ____ Z + ____ E = ____
82 E = ____ Z + ____ E = ____

b) 36 Z = ____ H + ____ Z = ____
74 Z = ____ H + ____ Z = ____
95 Z = ____ H + ____ Z = ____

5 Kluge Köpfe kennen auch diese Zahlen.

a) 4 Z + 18 E = ____
7 Z + 21 E = ____
8 Z + 20 E = ____

b) 14 Z + 9 E = ____
57 Z + 2 E = ____
60 Z + 3 E = ____

c) 3 H + 13 Z = ____
4 H + 15 Z = ____
9 H + 10 Z = ____

58 85 91 100 149 430 550 572 603 1000

6 Zerlege die Zahlen.

a) 246 = 200 + 40 + ____
462 = ____
624 = ____

b) 572 = ____
725 = ____
257 = ____

c) 483 = ____
834 = ____
348 = ____

7 Nun umgekehrt. Wie heißen die Zahlen?

a) 200 + 40 + 7 = ____
700 + 10 + 9 = ____
900 + 90 + 9 = ____

b) 600 + 30 + 9 = ____
800 + 90 + 8 = ____
700 + 50 + 6 = ____

c) 500 + 7 = ____
400 + 80 = ____
100 + 20 + 7 = ____

Orientierung in den Hundertern

Name:

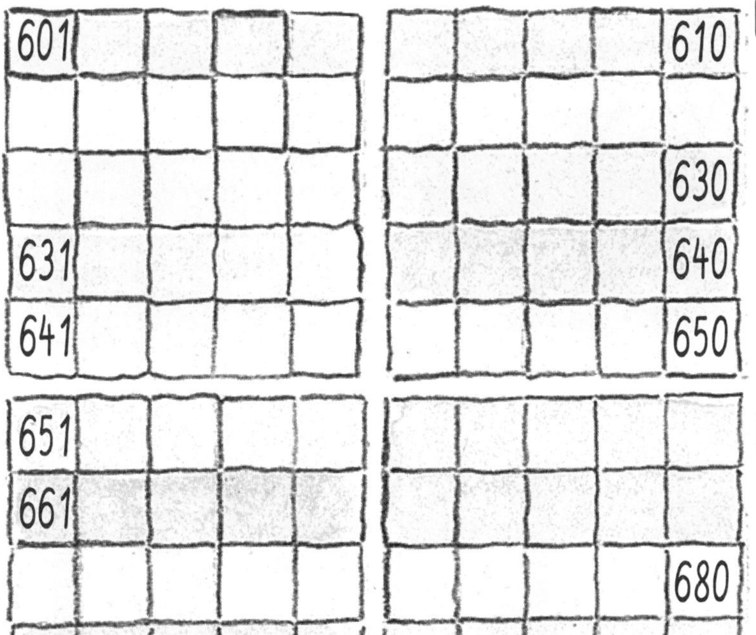

601
610
630
631
640
641
650
651
661
680
681
691
700

1 Trage alle Zahlen ein,

a) die eine 4 (eine 7) an der Einerstelle haben.

b) die an der Einerstelle oder an der Zehnerstelle eine 2 haben.

c) die mindestens zwei gleiche Ziffern haben.

2 Trage ein:

a) sechshundertneun

b) sechshundertdreiundsiebzig

c) sechshundertfünfunddreißig

d) sechshundertneunundachtzig

3 a) 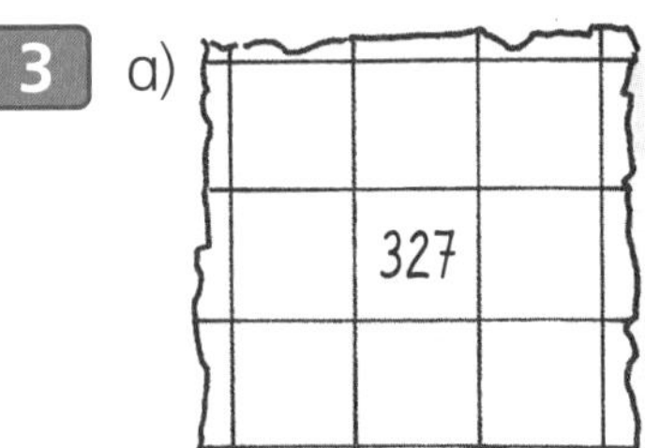
327

b) 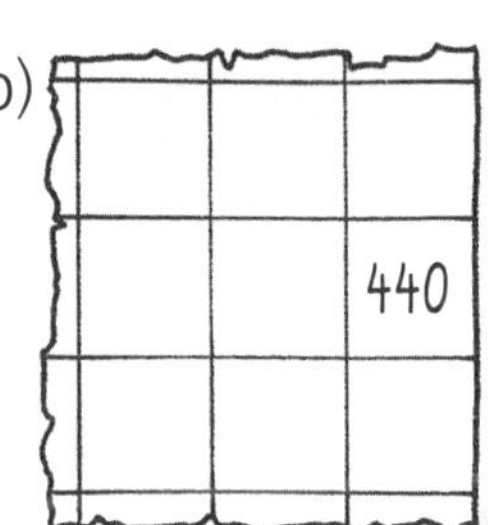
440

c) 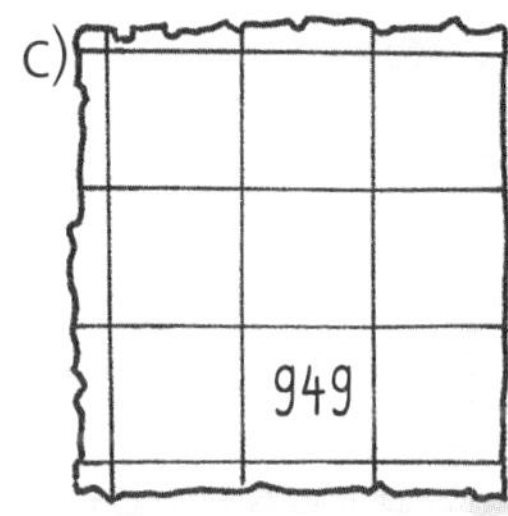
949

d) 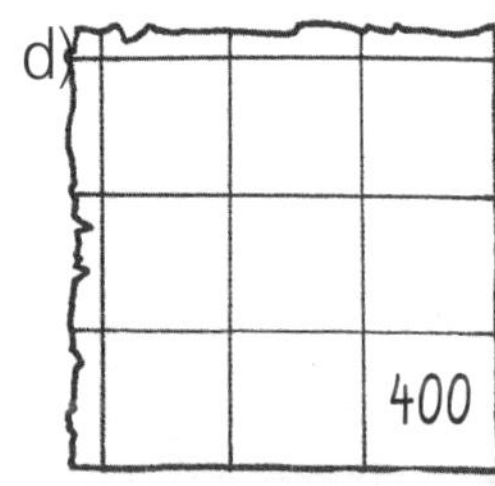
400

4

41 + 60 = ______	310 − 7 = ______	505 + 60 = ______
212 + 20 = ______	410 − 6 = ______	181 − 60 = ______
494 − 40 = ______	325 + 8 = ______	626 + 50 = ______
606 + 20 = ______	210 − 8 = ______	337 + 6 = ______
797 − 40 = ______	791 − 4 = ______	889 + 9 = ______
474 − 30 = ______	531 − 6 = ______	865 − 7 = ______

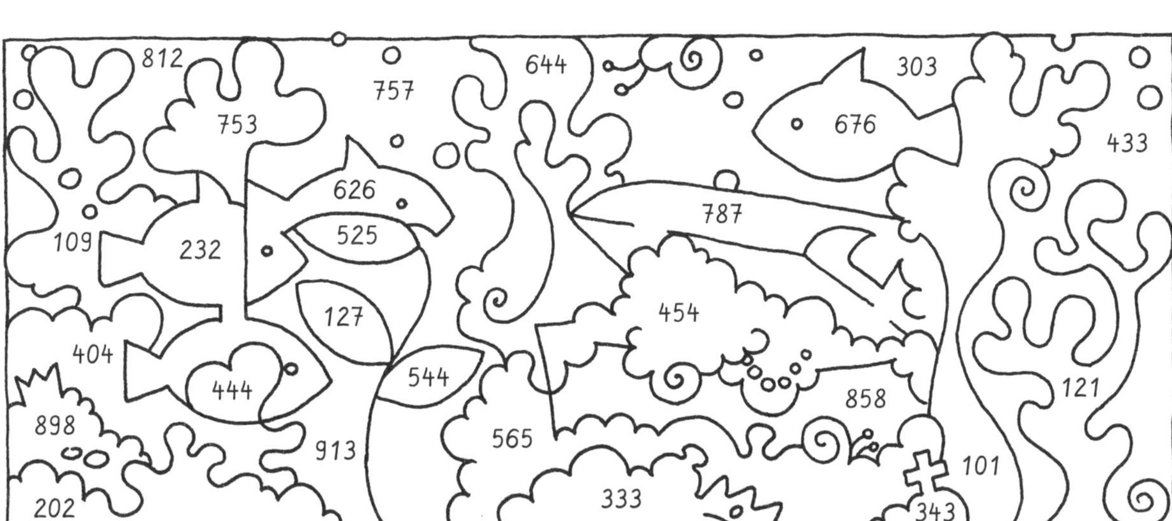

812
757
644
303
753
676
433
626
787
109
232
525
127
454
404
444
544
858
121
898
913
565
101
202
333
343

zu Seite 28/29

Zahlenstrahl

Name: ______

1 Welche Zahlen sind es? Trage sie in die Ballons ein.

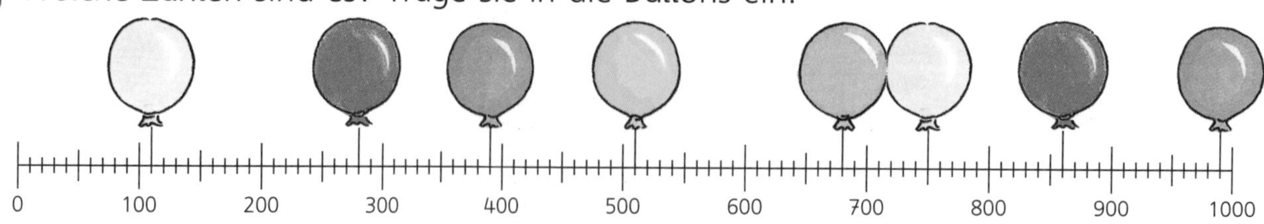

0
100
200
300
400
500
600
700
800
900
1000

2 Wie heißen die beiden Nachbarhunderter?

a) 320 + ____ = 400
320 − ____ = 300

b) 470 + ____ = ____
470 − ____ = ____

c) 740 + ____ = ____
740 − ____ = ____

d) 585 + ____ = ____
585 − ____ = ____

e) 835 + ____ = ____
835 − ____ = ____

f) 699 + ____ = ____
699 − ____ = ____

3 Welche Zahlen sind es hier? Trage sie in die Ballons ein.

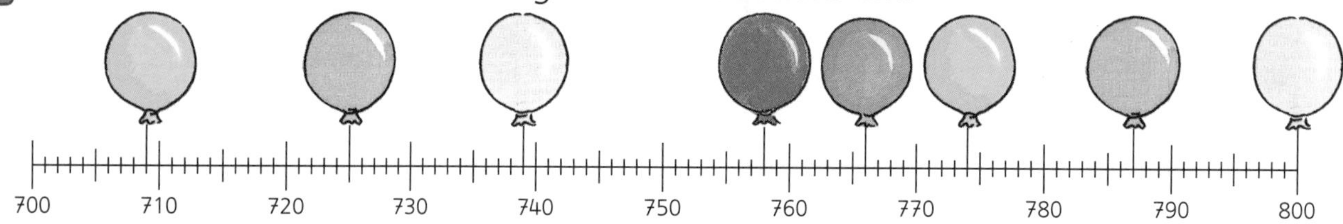

700
710
720
730
740
750
760
770
780
790
800

4 Zeichne: ~~808~~, 819, 831, 847, 859, 872, 888, 899

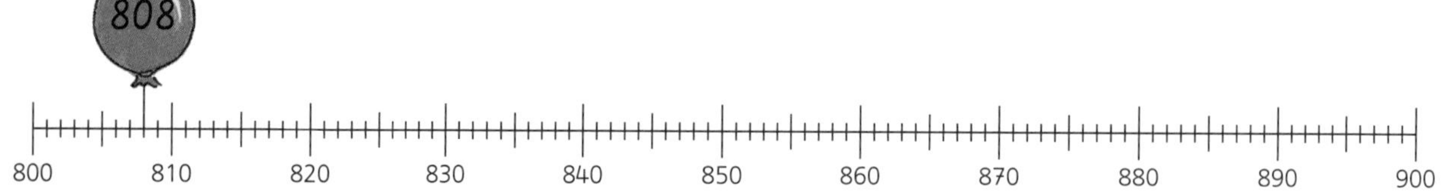

808
800
810
820
830
840
850
860
870
880
890
900

5 Wie heißen die beiden Nachbarzehner?

a) 834 + ____ = 840
834 − ____ = 830

b) 857 + ____ = ____
857 − ____ = ____

c) 892 + ____ = ____
892 − ____ = ____

d) 585 + ____ = ____
585 − ____ = ____

e) 835 + ____ = ____
835 − ____ = ____

f) 699 + ____ = ____
699 − ____ = ____

6 Kleiner oder größer? Setze ein: < oder >.

a) 321 ◯ 312
486 ◯ 468

b) 643 ◯ 436
584 ◯ 854

c) 458 ◯ 457
803 ◯ 804

d) 246 ◯ 346
799 ◯ 800

7 Ordne der Größe nach. Beginne mit der kleinsten Zahl.

763 637 736 367 307 603 630 370

______

1 a) 563 + 300 = ____ b) 446 + 400 = ____ c) 523 + 200 = ____

563 + 30 = ____ 446 + 40 = ____ 523 + 20 = ____

563 + 3 = ____ 446 + 4 = ____ 523 + 2 = ____

450 486 525 543 550 566 593 723 846 863

2 a) 663 − 300 = ____ b) 446 − 400 = ____ c) 623 − 200 = ____

663 − 30 = ____ 446 − 40 = ____ 623 − 20 = ____

663 − 3 = ____ 446 − 4 = ____ 623 − 2 = ____

46 363 406 423 433 442 603 621 633 660

Schau genau!

3 Setze die Zahlenfolgen fort.
Gib die Regel an, nach der
die Zahlenfolgen gebildet sind.

a) 104, 204, 304, ____, ____, ____, 704 Regel: Immer + ____

b) 837, 847, 857, ____, ____, ____, 897 Regel: Immer ____

c) 502, 492, 482, ____, ____, ____, 442 Regel: Immer ____

d) 703, 706, 709, ____, ____, ____, 721 Regel: Immer ____

4 Jetzt wird es komplizierter.

a) 202, 302, 307, 407, ____, ____, 517 Regel: Erst + ____ dann ____

b) 707, 607, 606, 506, ____, ____, 404 Regel: Erst ____ dann ____

c) 301, 331, 334, 364, ____, ____, 400 Regel: Erst ____ dann ____

d) 625, 620, 420, 415, ____, ____, 10 Regel: Erst ____ dann ____

5 Wie heißt die Quersumme (Q)? Trage ein.

a)

Zahl	Q
178	
235	
509	
718	

b)

Zahl	Q
698	
799	
808	
111	

c)

Zahl	Q
1000	
795	
999	
341	

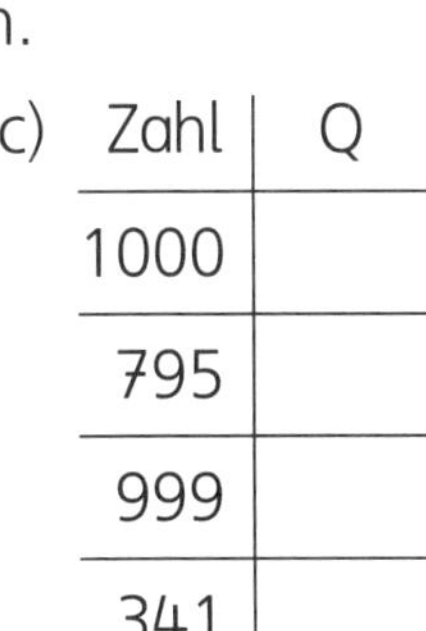

178
1 + 7 + 8

6 Schreibe immer fünf dreistellige Zahlen auf

a) mit der Quersumme 14,

____ ____ ____ ____ ____

b) mit der Quersumme 23,

____ ____ ____ ____ ____

c) mit der Quersumme 20,

____ ____ ____ ____ ____

d) mit der Quersumme 24.

____ ____ ____ ____ ____

Knobeloase

Name:

In den Ferien haben Kinder mehr Zeit ihren Hobbys nachzugehen.
Jedes Kind hat ein anderes Hobby (reiten, schwimmen, wandern, Rad fahren, Fußball spielen).
Alle Kinder sind am Ferienort verschieden untergebracht (Hotel, Zeltplatz, Jugendherberge, Ferienhaus, Ferienwohnung).

Jch wohne im Hotel und schwimme gerne.
Jch spiele gern Fußball, wohne aber nicht im Hotel.
Jch reite gerne und wohne in einem Ferienhaus.
Jch kann nicht Rad fahren. Meine Eltern haben eine Ferienwohnung gemietet.
Jch wohne in der Jugendherberge und bin sehr wasserscheu!
M
MARCEL
LEA
JASMIN
Findet zuerst heraus, wo die Urlauber wohnen.

	Jugendherberge	Zelt	Ferienhaus	Hotel	Ferienwohnung		wandern	reiten	schwimmen	Rad fahren	Fußball spielen
Jasmin	+										
Marcel				–							
Nadine											
Thomas											
Lea											

Kennzeiche mit + oder –
Beispiel:
Marcel wohnt nicht im Hotel. Setze bei Marcel in der Spalte Hotel ein –.
Jasmin wohnt in der Jugendherberge. Setze bei Jasmin in der Spalte Jugendherberge ein +, bei allen anderen ein –.

Achsensymmetrische Figuren

Name:

1 Was ist symmetrisch (s), was ist nicht symmetrisch (ns)?
Prüfe mit einem Spiegel.

STOP

2 Ergänze jede Figur zu einer symmetrischen Figur.

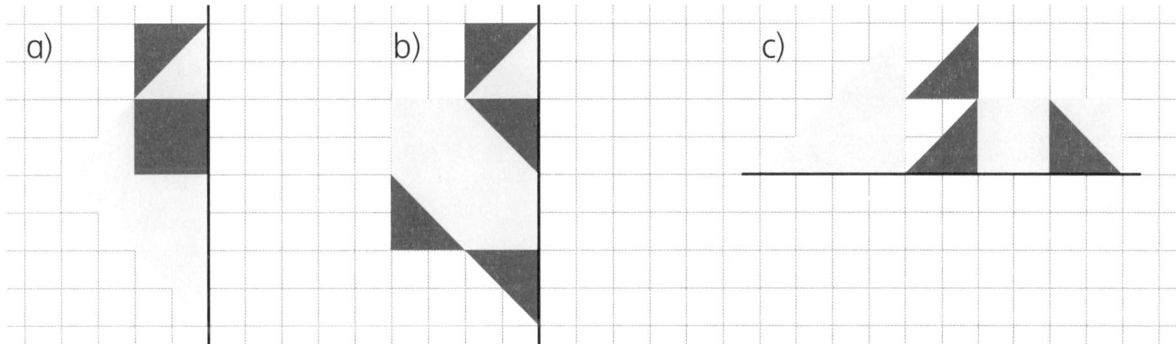
a)
b)
c)

3 Ergänze zu einer symmetrischen Figur.

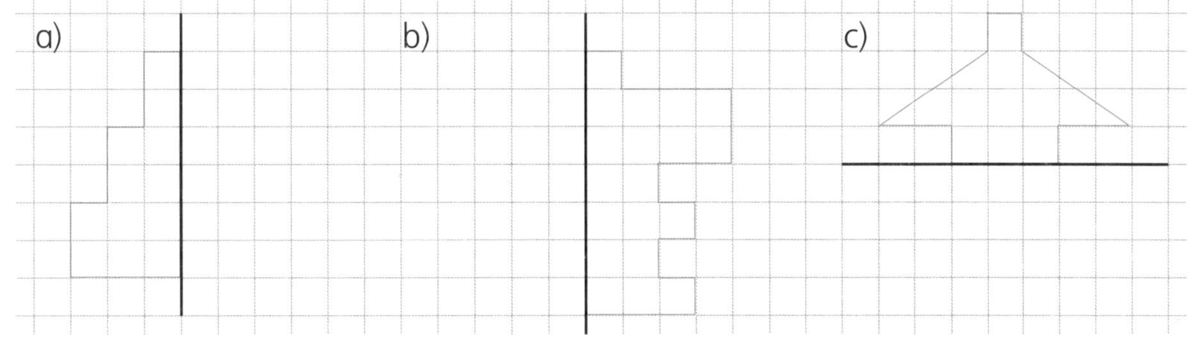
a)
b)
c)

4 Wie viel Uhr ist es? Schreibe die Uhrzeit auf.

a)

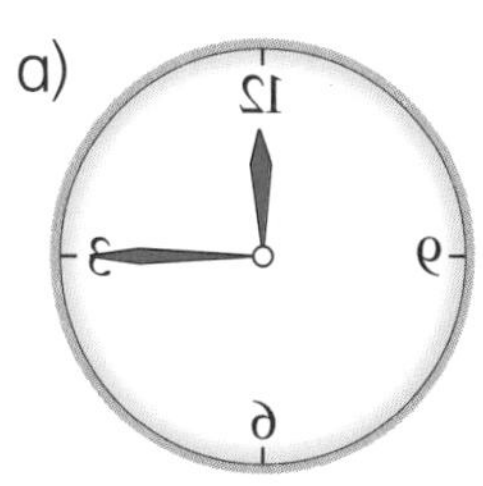

b)

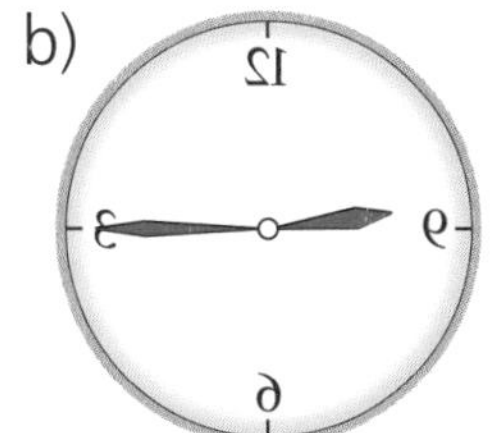

c)

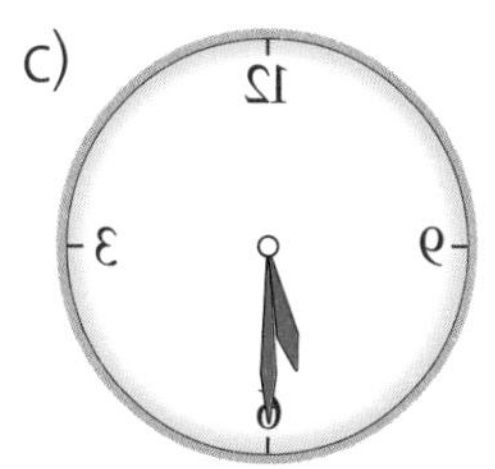

d)

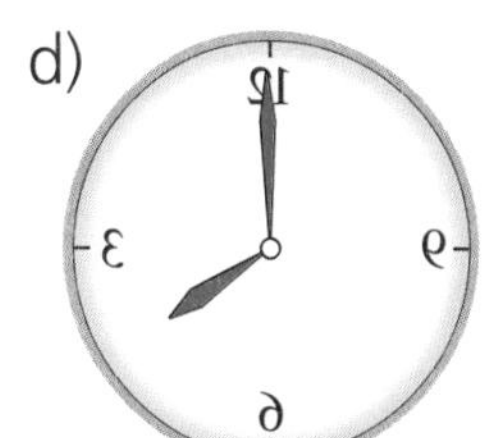

zu Seite 39

Rechnen in einem Hunderter

Name: ______

1 Wie rechnest du?

a) 345 + 37 b) 438 + 46 c) 653 + 38

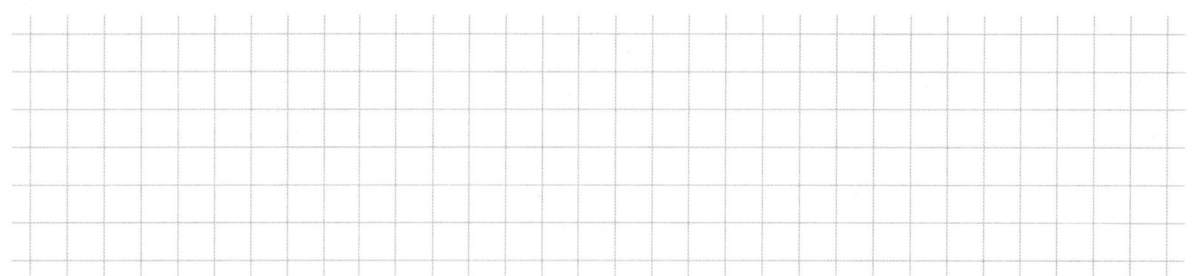

2 Alle Ergebnisse haben die Quersumme 11.

a)	b)	c)	d)
415 + 19 = ____	7 + 607 = ____	225 + 47 = ____	24 + 419 = ____
218 + 27 = ____	29 + 423 = ____	408 + 8 = ____	227 + 36 = ____
615 + 35 = ____	28 + 208 = ____	19 + 604 = ____	614 + 27 = ____

3

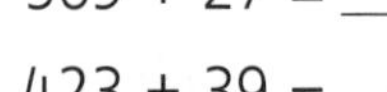

a)	b)	c)	d)
239 + 35 = ____	546 + 39 = ____	349 + 29 = ____	49 + 429 = ____
569 + 27 = ____	377 + 18 = ____	38 + 347 = ____	227 + 59 = ____
423 + 39 = ____	719 + 46 = ____	59 + 701 = ____	518 + 43 = ____

274 286 378 385 395 462 478 561 576 585 596 760 765

4 Wie rechnest du?

a) 483 − 37 b) 372 − 48 c) 764 − 26

5 Alle Ergebnisse haben die Quersumme 13.

a)	b)	c)	d)
392 − 37 = ____	783 − 77 = ____	582 − 65 = ____	381 − 62 = ____
862 − 48 = ____	483 − 29 = ____	362 − 34 = ____	590 − 55 = ____
585 − 59 = ____	382 − 36 = ____	971 − 49 = ____	879 − 29 = ____

6

a)	b)	c)	d)
475 − 39 = ____	962 − 29 = ____	779 − 33 = ____	688 − 48 = ____
684 − 59 = ____	753 − 49 = ____	999 − 69 = ____	479 − 59 = ____
973 − 28 = ____	684 − 79 = ____	471 − 48 = ____	795 − 77 = ____

420 423 436 605 625 640 646 704 718 746 930 933 945

Addieren mit Zehnern

Name:

zu Seite 40

1 Wie rechnest du?

a) 380 + 70 b) 460 + 80 c) 770 + 50

2

a) +60

250	
550	
750	

b) +50

180	
380	
880	

c) +80

340	
640	
740	

d) +70

260	
570	
480	

e) +90

420	
650	
950	

230 310 330 420 430 510 550 610 640 720 740 810 820 930 940 1040

3 Alle Ergebnisse haben die Quersumme 9.

a) 370 + 80 = ___ b) 70 + 290 = ___ c) 760 + 50 = ___ d) 180 + 30 + 24 = ___

660 + 60 = ___ 50 + 490 = ___ 380 + 70 = ___ 270 + 50 + 22 = ___

4

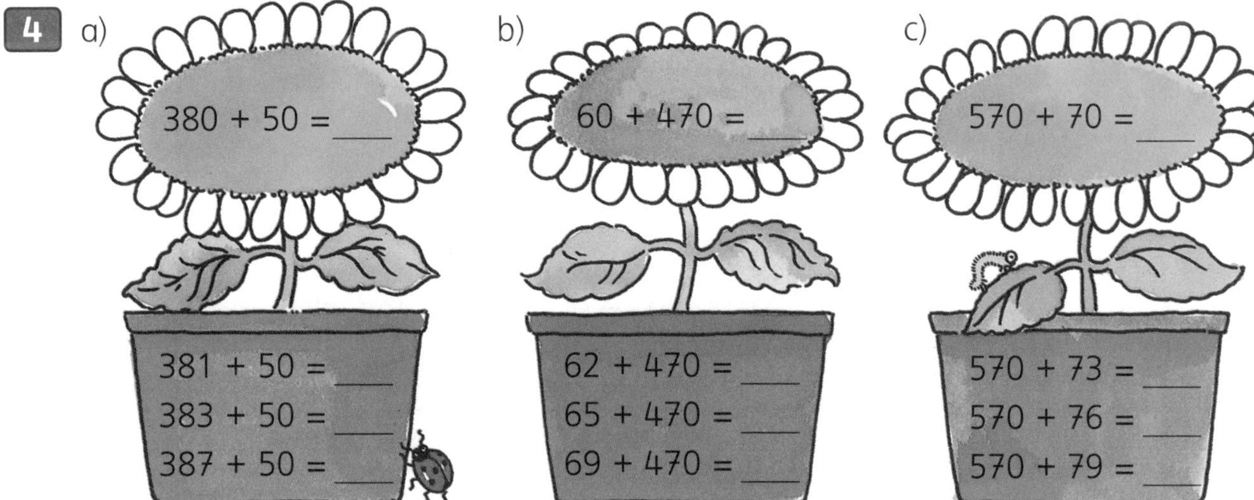

a)
380 + 50 = ___
381 + 50 = ___
383 + 50 = ___
387 + 50 = ___
b)
60 + 470 = ___
62 + 470 = ___
65 + 470 = ___
69 + 470 = ___
c)
570 + 70 = ___
570 + 73 = ___
570 + 76 = ___
570 + 79 = ___

5

a)

+	30	60	90
540			
270			

b)

+	80	40	70
750			
840			

c)

+		70	
380	390		440
		630	

10 60 70 300 330 360 450 560 570 570 600 620 630 790 820 830 880 910 920

6

a) 290 + 80 = ___ b) 90 + 520 = ___ c) 560 + 90 + 50 = ___

490 + 50 = ___ 90 + 490 = ___ 380 + 70 + 90 = ___

370 540 540 580 610 640 700

zu Seite 41

Addieren mit Hunderter-Zehner-Zahlen

Name:

1 Wie rechnest du? a) 560 + 170 b) 480 + 240 c) 360 + 460

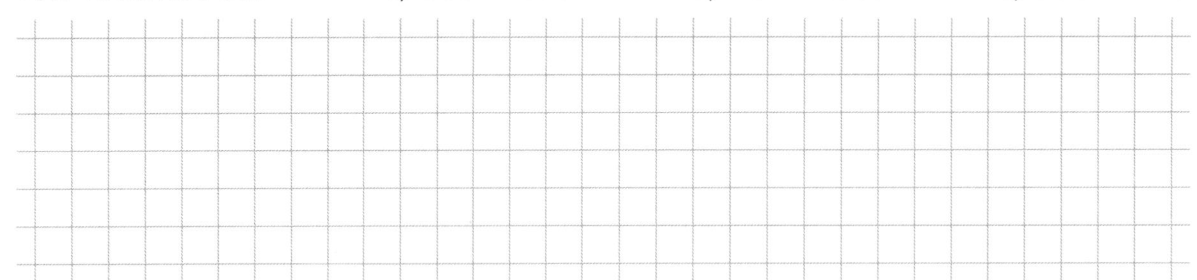

2 Die Ergebnisse in einem Päckchen haben immer dieselbe Quersumme.

a) 430 + 350 = ____
480 + 210 = ____
560 + 130 = ____
730 + 140 = ____
Quersumme ____

b) 280 + 280 = ____
290 + 180 = ____
350 + 570 = ____
460 + 370 = ____
Quersumme ____

c) 270 + 390 = ____
570 + 180 = ____
290 + 550 = ____
580 + 350 = ____
Quersumme ____

3

a) +250

170	
470	
670	

b) +340

280	
480	
590	

c) +160

340	
670	
780	

d) +470

360	
365	
369	

e) +280

540	
548	
542	

420 500 620 720 820 820 822 828 830 830 835 839 920 928 930 940

4 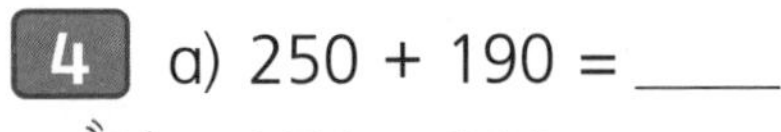

a) 250 + 190 = ____
470 + 390 = ____
530 + 290 = ____

b) 360 + 390 = ____
540 + 180 = ____
430 + 270 = ____

c) 290 + 520 = ____
490 + 240 = ____
590 + 330 = ____

440 700 720 730 750 810 820 860 920 960

5

a)

+	240	460	680
200			
340			

b)

+	170	320	460
190			
270			

c)

+		320	
540	780		
		1000	940

240 260 360 440 440 510 580 590 650 660 680 730 800 800 860 880 920 980 1020

6 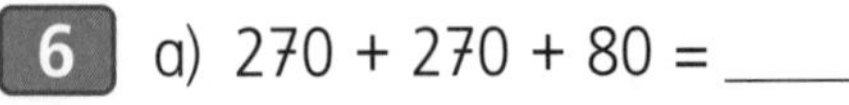

a) 270 + 270 + 80 = ____
390 + 150 + 70 = ____

b) 190 + 520 + 90 = ____
270 + 430 + 80 = ____

c) 460 + 90 + 170 = ____
280 + 70 + 290 = ____

610 620 640 720 780 800 980

7

a) 150 + 470 + 80 = ____
260 + 360 + 90 = ____

b) 380 + 240 + 70 = ____
290 + 390 + 90 = ____

c) 350 + 90 + 350 = ____
540 + 90 + 270 = ____

690 700 710 770 790 880 900

Subtrahieren mit Zehnern

Name:

1 Wie rechnest du?  a) 730 – 60 b) 610 – 50 c) 820 – 80

2

a)
540 – 60 = ____
541 – 60 = ____
543 – 60 = ____
547 – 60 = ____

b)
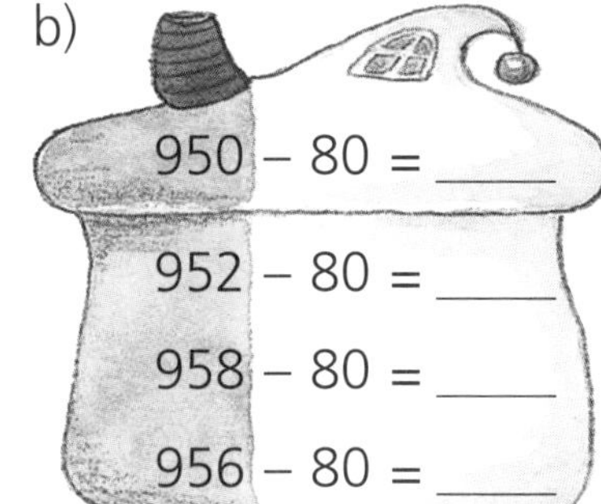
950 – 80 = ____
952 – 80 = ____
958 – 80 = ____
956 – 80 = ____

c)
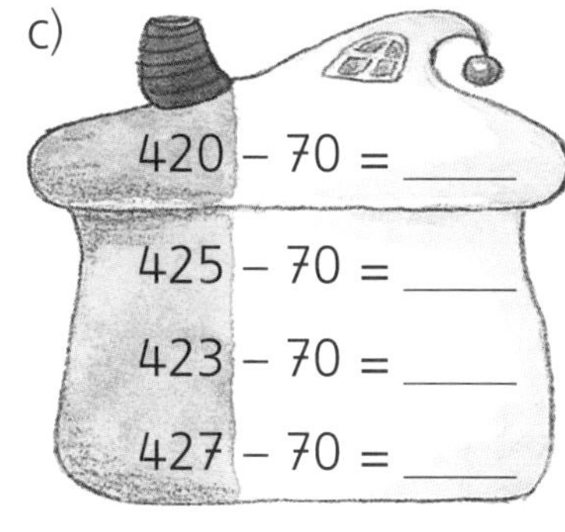
420 – 70 = ____
425 – 70 = ____
423 – 70 = ____
427 – 70 = ____

3

a) – 50 →

330	
530	
830	

b) – 40 →

420	
920	
620	

c) – 60 →

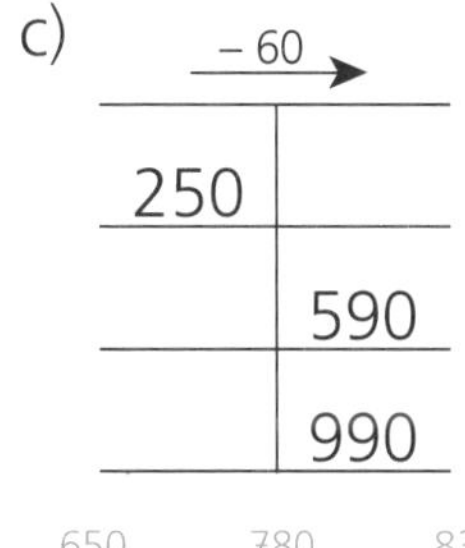

250	
	590
	990

d) – 90 →

540	
	740
	270

190 280 360 380 450 480 580 650 780 830 850 880 1050

4

a)
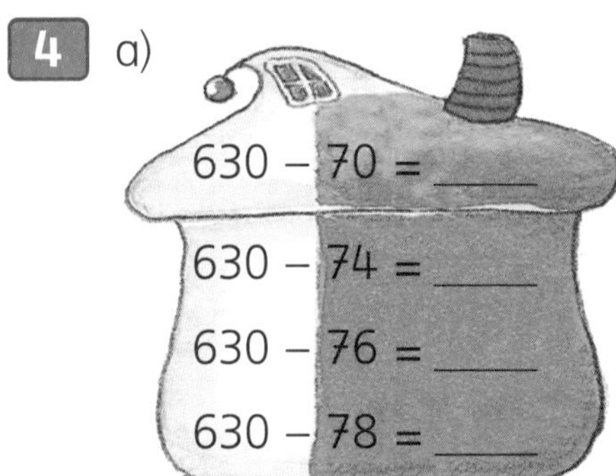
630 – 70 = ____
630 – 74 = ____
630 – 76 = ____
630 – 78 = ____

b)
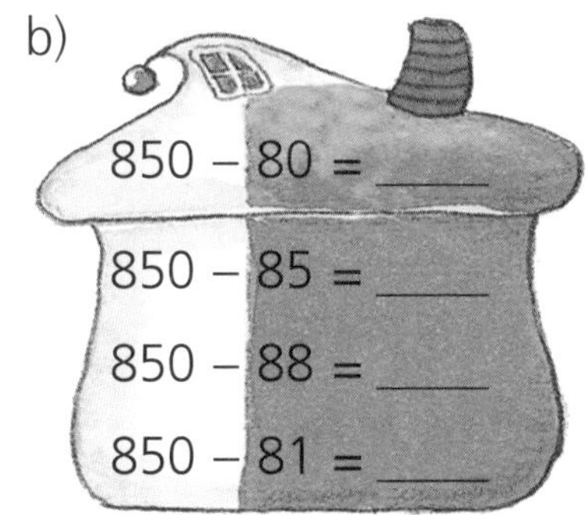
850 – 80 = ____
850 – 85 = ____
850 – 88 = ____
850 – 81 = ____

c)
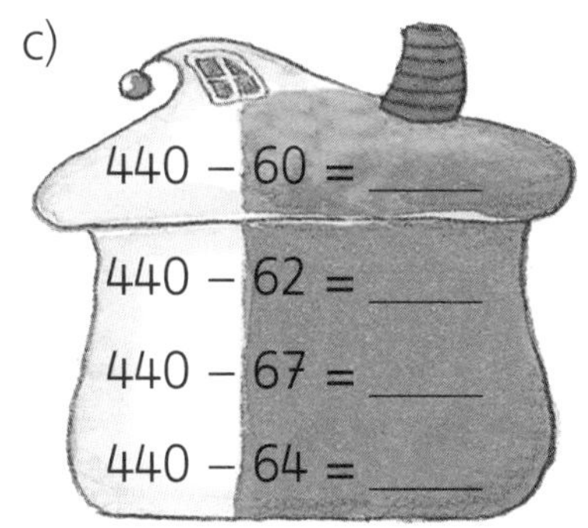
440 – 60 = ____
440 – 62 = ____
440 – 67 = ____
440 – 64 = ____

5

a)

–	20	40	80
480			
320			

b)

–	60	70	80
770			
530			

c)

–		70	
650	600		560
		170	

50 90 150 190 240 240 280 300 400 440 450 460 460 470 480 580 690 700 710

6

a) 430 – 90 = ____
540 – 90 = ____

b) 630 – 90 – 30 = ____
720 – 50 – 20 = ____

c) 560 – 90 – 60 = ____
810 – 70 – 10 = ____

340 410 450 510 610 650 730

zu Seite 43

Subtrahieren mit Hunderter-Zehner-Zahlen

Name:

1 Wie rechnest du? a)  340 − 170 b) 720 − 380 c) 530 − 260

2 Die Ergebnisse in einem Päckchen haben immer dieselbe Quersumme.

a) 560 − 420 = ____
430 − 380 = ____
720 − 490 = ____
990 − 670 = ____
Quersumme ____

b) 710 − 170 = ____
830 − 380 = ____
750 − 570 = ____
860 − 590 = ____
Quersumme ____

c) 910 − 350 = ____
870 − 490 = ____
560 − 270 = ____
830 − 360 = ____
Quersumme ____

3

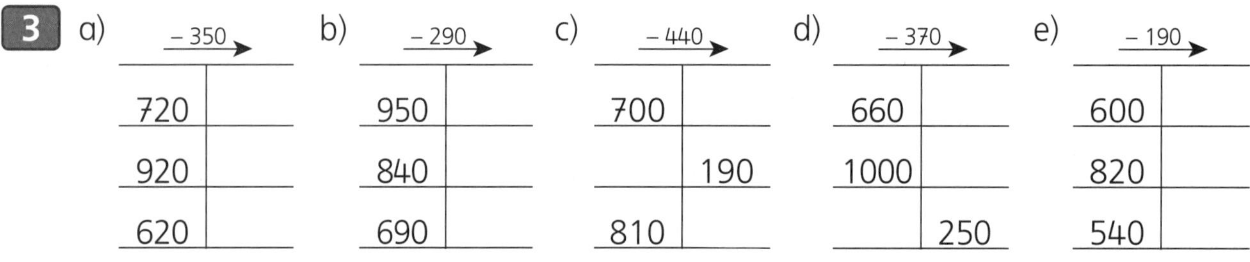

a) − 350

720	
920	
620	

b) − 290

950	
840	
690	

c) − 440

700	
	190
810	

d) − 370

660	
1000	
	250

e) − 190

600	
820	
540	

260 270 290 350 370 370 400 410 550 570 620 630 630 630 660 870

 **4**

a) 550 − 190 = ____
770 − 390 = ____
840 − 290 = ____

b) 660 − 390 = ____
550 − 180 = ____
430 − 270 = ____

c) 890 − 540 = ____
490 − 290 = ____
560 − 380 = ____

160 180 200 270 350 360 370 380 480 550

5

a)

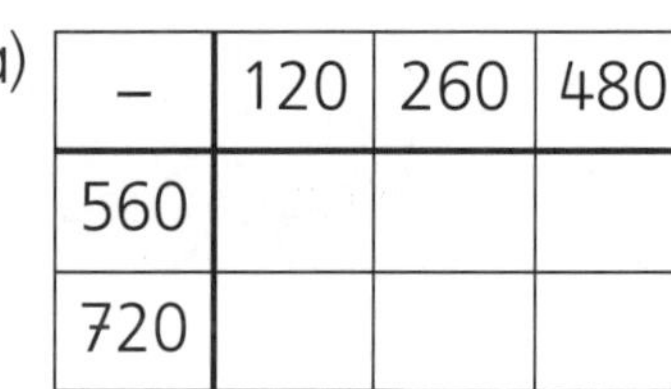

−	120	260	480
560			
720			

b)

−	150	370	460
830			
920			

c)

−		210	
420	240		
		300	150

60 80 180 210 240 300 330 340 360 370 440 460 460 460 510 550 600 680 770

6

a) 570 − 270 − 80 = ____
690 − 190 − 70 = ____

b) 710 − 340 − 70 = ____
730 − 450 − 80 = ____

c) 690 − 90 − 180 = ____
880 − 80 − 260 = ____

200 220 300 420 430 440 540

7

a) 850 − 450 − 80 = ____
960 − 360 − 90 = ____

b) 840 − 260 − 80 = ____
950 − 290 − 60 = ____

c) 750 − 90 − 350 = ____
640 − 90 − 340 = ____

210 310 320 500 510 530 600

Name:

zu Seite 44

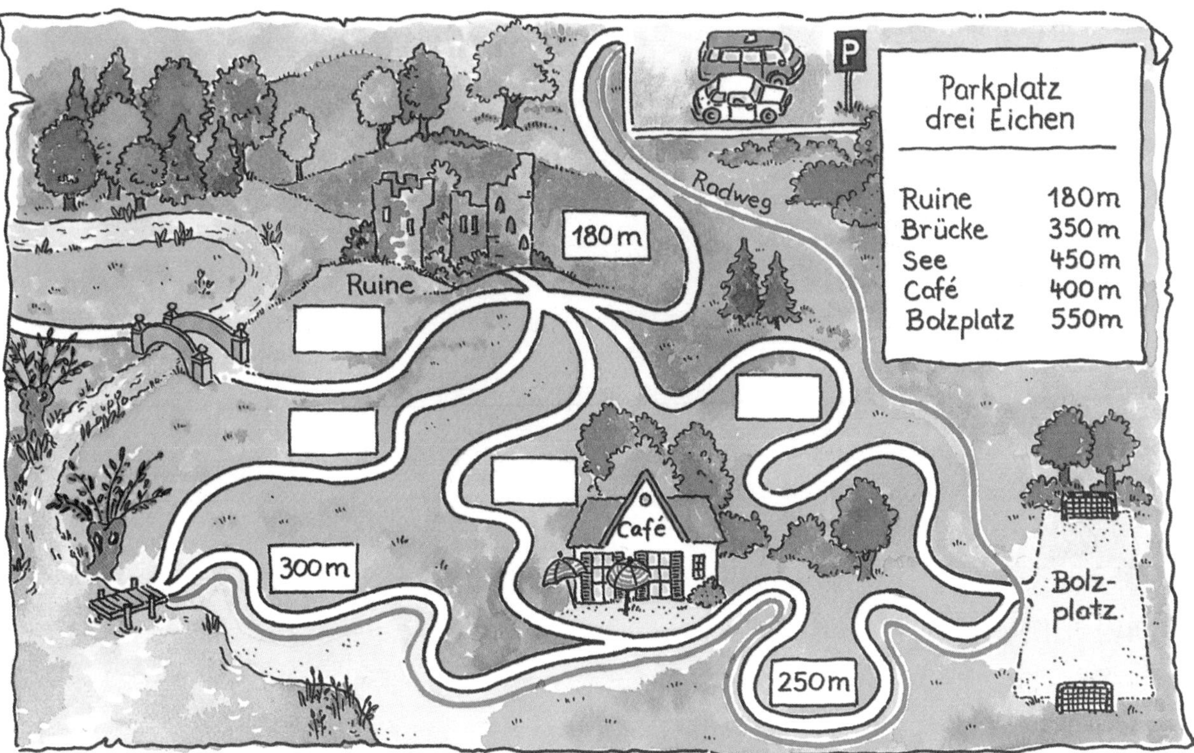

Parkplatz drei Eichen
Ruine 180 m
Brücke 350 m
See 450 m
Café 400 m
Bolzplatz 550 m
Radweg
180 m
Ruine
Café
300 m
250 m
Bolzplatz

1 a) Wie weit ist es von der Ruine bis zum See? Trage die Entfernung ein.
b) Trage die fehlenden Entfernungen in die Karte ein.

2 Gehe immer vom Parkplatz aus. Wie weit ist es?
a) Zum See und zurück ______
b) Zum Café und zurück ______
c) Zur Brücke und zurück ______
d) Zum Bolzplatz und zurück ______

3 Vergleiche den Fußweg mit dem Radweg.
a) Der Fußweg zum Bolzplatz ist ______ länger.
b) Der Fußweg zum Café ist ______________ .
c) Der Fußweg zum See ist ______________ .

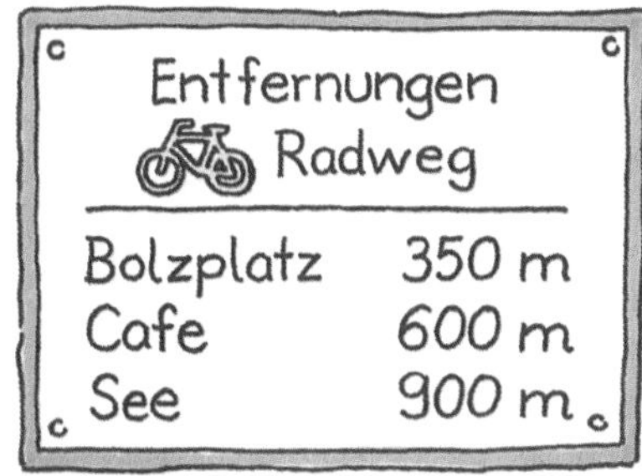

Entfernungen Radweg
Bolzplatz 350 m
Cafe 600 m
See 900 m

4 Iris und Marianne gehen vom Parkplatz zum Bolzplatz, dann zum Café.
Ihr Weg ist ______ lang.

5 Familie Heinze macht einen Spaziergang. Sie geht vom Parkplatz zum See, dann zum Café und wieder zum Auto.
______________________ Ihr Weg ist ____________ lang.

6 Petra läuft von der Ruine aus einen Rundweg, der 840 m lang ist.
Schreibe den Weg von Petra auf.

____

____

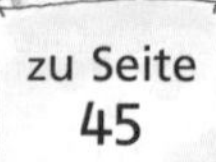
zu Seite
45

Über die Hunderter

Name: ____________________

1

a)

360 + 60 = ____
368 + 60 = ____
368 + 68 = ____

b)

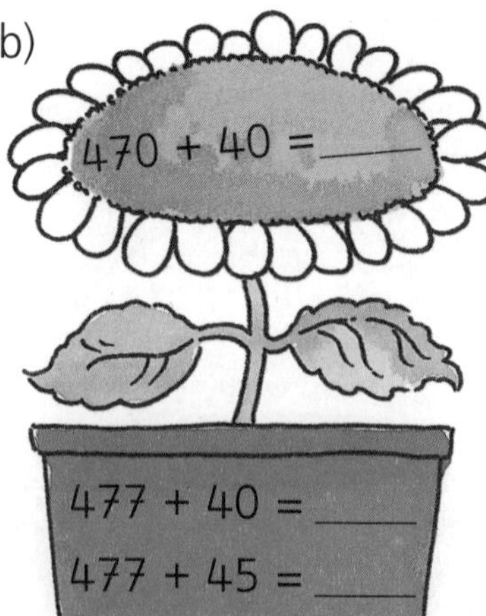
470 + 40 = ____
477 + 40 = ____
477 + 45 = ____

c)

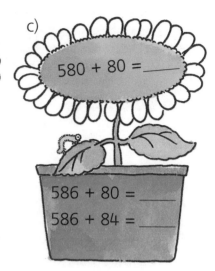

580 + 80 = ____

586 + 80 = ____
586 + 84 = ____

2

a) 357 + 78 = ____
486 + 65 = ____
568 + 68 = ____

b) 67 + 575 = ____
83 + 759 = ____
75 + 345 = ____

c) 430 − 80 = ____
434 − 80 = ____
434 − 85 = ____

d) 750 − 60 = ____
753 − 60 = ____
753 − 68 = ____

349 350 354 420 435 551 636 642 685 690 693 831 842

3

a)

−	90	93	97
650			
653			

b)

+	40	43	49
528			
		700	

c)

−		82	
840	780		748
		780	

60 92 553 556 557 560 560 563 568 571 577 657 697 702 706 758 770 802 862

4 Drei Tiere auf Englisch.

WdZ

a) 928 − 46 = ____ ____
354 − 99 = ____ ____
759 − 63 = ____ ____

b) 824 − 64 = ____ ____
709 − 93 = ____ ____
527 − 71 = ____ ____

c) 793 − 81 = ____ ____
921 − 57 = ____ ____
244 − 69 = ____ ____

5

a) 754 + 74 = ____ ____
188 + 88 = ____ ____
849 + 42 = ____ ____
586 + 79 = ____ ____

b) 396 + 84 = ____ ____
876 + 63 = ____ ____
267 + 45 = ____ ____

c) 864 + 61 = ____ ____
685 + 89 = ____ ____
507 + 87 = ____ ____
666 + 46 = ____ ____

④ ⑤ Zur Lösung das „Schlüsselfeld“ aus dem Schülerbuch (Umschlag) benutzen.

Euro und Cent

Name:

1 Wie viel Geld ist in den Geldbörsen? Schreibe auf drei verschiedene Weisen.

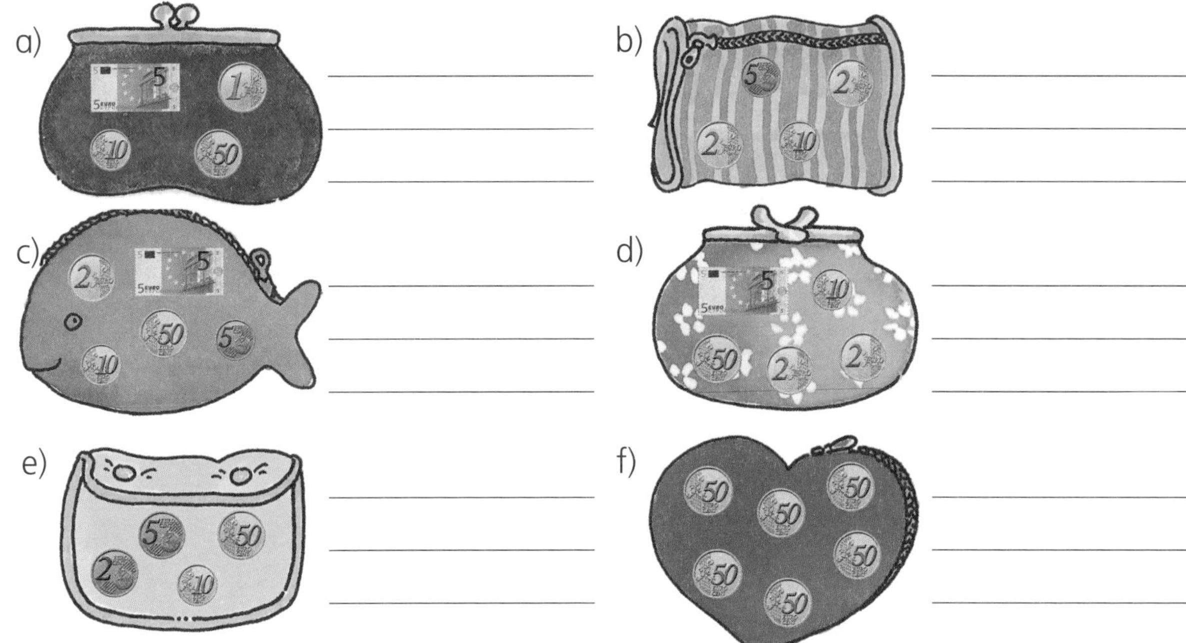

a) ______ ______ ______

b) ______ ______ ______

c) ______ ______ ______

d) ______ ______ ______

e) ______ ______ ______

f) ______ ______ ______

2 a) Schreibe alle Beträge als Kommazahlen.

b) Ordne die Beträge, beginne mit dem kleinsten.

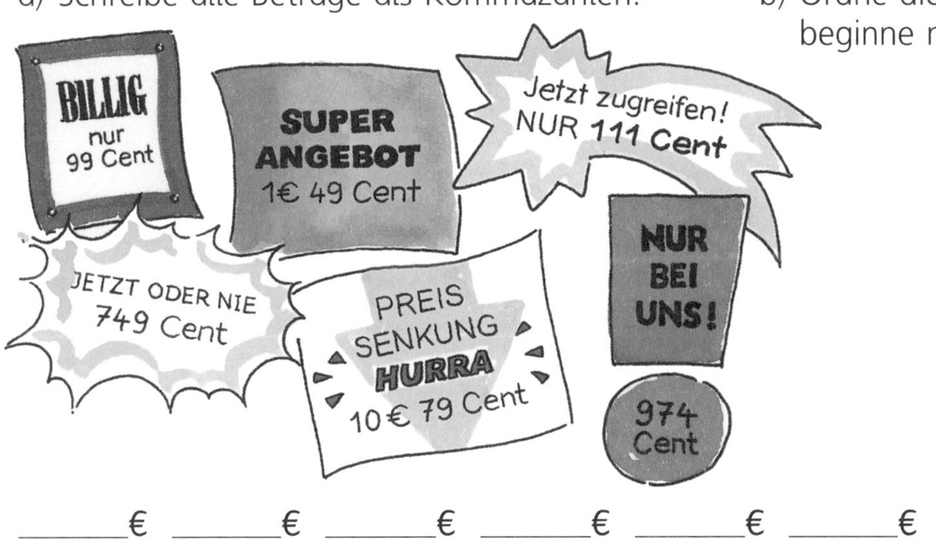
BILLIG
nur
99 Cent
SUPER
ANGEBOT
1€ 49 Cent
Jetzt zugreifen!
NUR 111 Cent
JETZT ODER NIE
749 Cent
PREIS
SENKUNG
HURRA
10 € 79 Cent
NUR
BEI
UNS!
974
Cent

______€ ______€ ______€ ______€ ______€ ______€

€
€
€
€
€
€

3 Wie viel Geld fehlt noch? Schreibe als Kommazahl.

	es kostet:	gespart:		es fehlt noch:
	5 €		______€	______€
	10,90 €		______€	______€
	19,50 €		______€	______€

Rechnen mit Geld

Name: ____________________

1 Wie viel Geld kostet es ungefähr? Wie viel Geld kostet es genau?

KINO
Popcorn 1,90 €
Limo 1,40 €
Eis 0,90 €
Würstchen 1,90 €
Eine Tüte Popcorn kostet 1,90 Euro. Das sind ungefähr 2 Euro.
Ich nehme 2 Tüten. Dann muss ich ungefähr 4 Euro bezahlen.

	ungefähr	genau
	______ €	______ €
	______ €	______ €
	______ €	______ €

	ungefähr	genau
	______ €	______ €
	______ €	______ €
	______ €	______ €

2 Wie viel Euro bekommen die Kinder zurück?

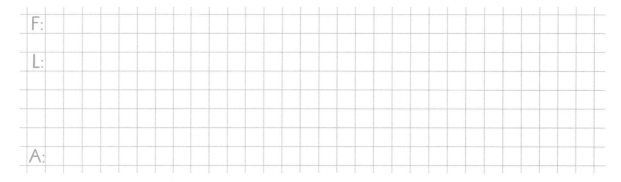

____

Es kostet: ______ €
Rückgeld: ________ €

____

Es kostet: ______ €
Rückgeld: ________ €

____

Es kostet: ______ €
Rückgeld: ________ €

3 Anna kauft für ihre Freundinnen drei Würstchen und drei Limo.
Ihre Mutter hat ihr einen 20-Euro-Schein mitgegeben.

F:
L:
A:

4 a) 2,40 € + 3,20 € = ______ €
4,60 € + 3,40 € = ______ €
5,80 € + 1,85 € = ______ €

b) 6,40 € – 2,20 € = ______ €
5,30 € – 4,10 € = ______ €
4,60 € – 0,85 € = ______ €

1,20 € 3,75 € 4,20 € 5,60 € 7,00 € 7,65 € 8,00 €

1 Welcher Text passt zu welcher Skizze? Verbinde und ergänze die Skizze.

a) Jm Frankenberger Tierheim werden in einem Jahr 210 Hunde aufgenommen. Davon konnten 150 Hunde vermittelt werden.

L:

210	150

b) Jm Kölner Tierheim wurden in einem Jahr 210 Katzen und 150 Hunde aufgenommen.

L:

210	
150	

a) F: ______

A: ______

b) F: ______

A: ______

2 Von den 240 aufgenommenen Katzen waren 90 gefleckt, 70 waren getigert und der Rest war schwarz. Zeichne eine Skizze.

F: ______

L:

A: ______

3 Das Futter für einen aufgenommenen Bernhardiner kostet 4 € täglich. Wie viel Euro kostet es im Monat September? Löse mit einer Tabelle.

L:

Tage	1	
Preis €	4,00	

A: ______

4 Für einen Zwergdackel berechnet das Tierheim täglich 3,50 € an Futter. Als Herr Platow seinen Dackel abholt, muss er 21 € bezahlen.

F: ______

L:

Tage	
Preis €	

A: ______

Ergänzen

Name: ______________________

1 Wie rechnest du?

a) 680 + ____ = 910   b) 360 + ____ = 720

2

a)		b)		c)	
370 + ____	= 770	530 + ____	= 830	440 + ____	= 800
372 + ____	= 872	537 + ____	= 737	290 + ____	= 550
370 + ____	= 990	530 + ____	= 970	325 + ____	= 925
370 + ____	= 830	530 + ____	= 810	660 + ____	= 1060

200 260 280 300 360 400 400 440 460 500 560 600 620

3

a)		b)		c)	
680 + ____	= 730	716 + ____	= 786	423 + ____	= 487
680 + ____	= 748	780 + ____	= 840	346 + ____	= 393
681 + ____	= 761	766 + ____	= 856	255 + ____	= 303
681 + ____	= 765	729 + ____	= 800	589 + ____	= 622

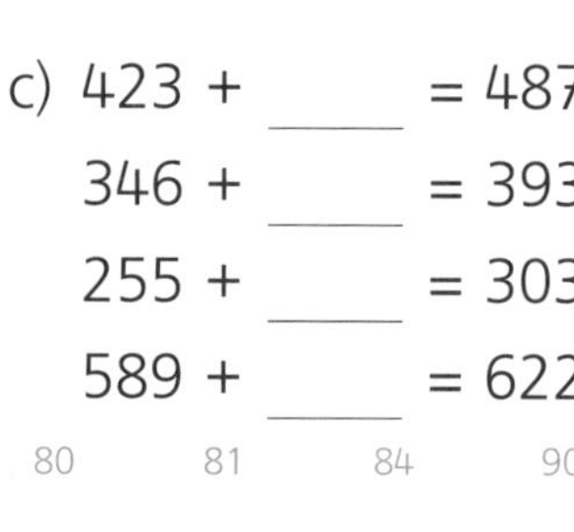

33 47 48 50 60 64 68 70 71 80 81 84 90

4

a)

1000
430
400
250

b)

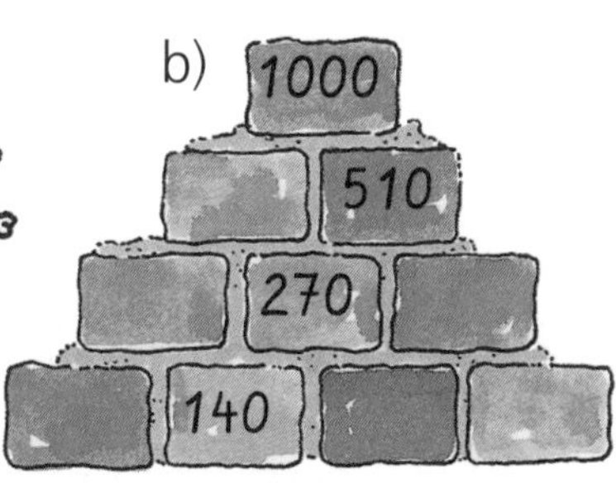
1000
510
270
140

c)

1000
360
220
90

5

a)

500
220
105
90

b)

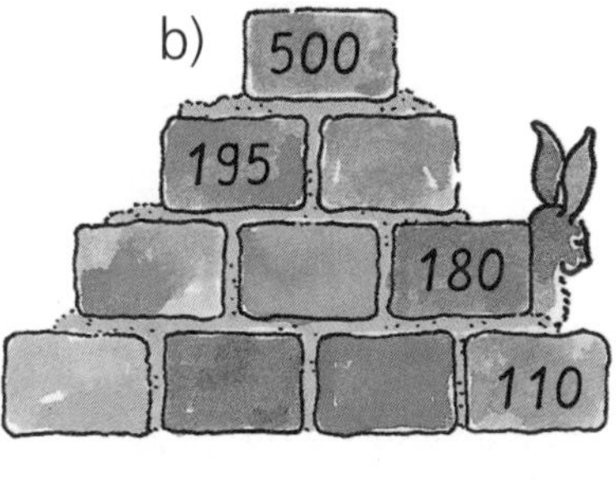
500
195
180
110

c)

500
245
200
10

6

Ich denke mir eine Zahl. Wenn ich zu meiner Zahl 68 addiere, erhalte ich 600.

____

Ich denke mir eine Zahl. Wenn ich zu meiner Zahl 190 addiere, erhalte ich 630.

____

Ich denke mir eine Zahl. Wenn ich zu meiner Zahl 75 addiere, erhalte ich 735.

____

Zauberquadrate

Name:

zu Seite 53

1 Ergänze die Zauberquadrate nach der Zauberregel.

a)

240	130	140	270
190	220		
	180	170	
120			

b)

340	120		400
240	300		
320		200	260
			160

In jeder Reihe, in jeder Spalte und auch schräg: Immer die gleiche Summe.

2 Welche Quadrate sind Zauberquadrate?
Rechne alle Quadrate aus. Kreuze die Zauberquadrate an.

a) ☐

40	14	12	34	→ ___
18	28	30	24	→ ___
26	20	22	32	→ ___
16	38	36	10	→ ___

↙ ↓ ↓ ↓ ↓ ↘

___ ___ ___ ___ ___ ___

b) ☐

40	30	20	10	→ ___
12	34	32	22	→ ___
24	14	36	26	→ ___
28	18	16	38	→ ___

↙ ↓ ↓ ↓ ↓ ↘

___ ___ ___ ___ ___ ___

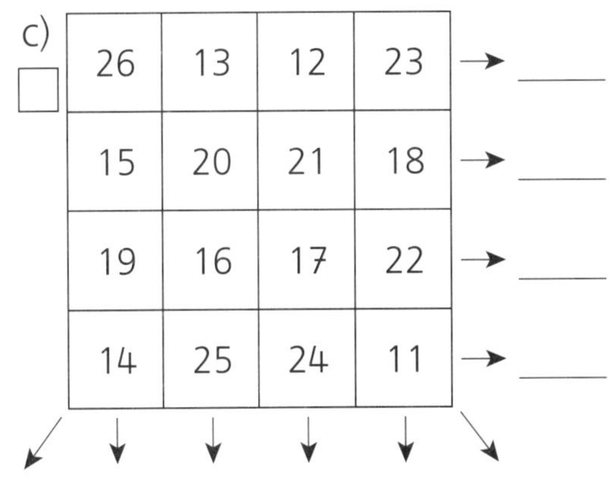

c) ☐

26	13	12	23	→ ___
15	20	21	18	→ ___
19	16	17	22	→ ___
14	25	24	11	→ ___

↙ ↓ ↓ ↓ ↓ ↘

___ ___ ___ ___ ___ ___

d) ☐

36	6	4	26	→ ___
10	20	22	16	→ ___
18	12	14	24	→ ___
8	30	28	2	→ ___

↙ ↓ ↓ ↓ ↓ ↘

___ ___ ___ ___ ___ ___

3 Suche vier Zahlen, deren Summe 170 ist.
Färbe diese Felder mit der gleichen Farbe.

a)

65	10	15	80
40	55	50	25
60	35	30	45
5	70	75	20

b)

65	10	15	80
40	55	50	25
60	35	30	45
5	70	75	20

c)

65	10	15	80
40	55	50	25
60	35	30	45
5	70	75	20

Räumliche Orientierung

Name: ______________________

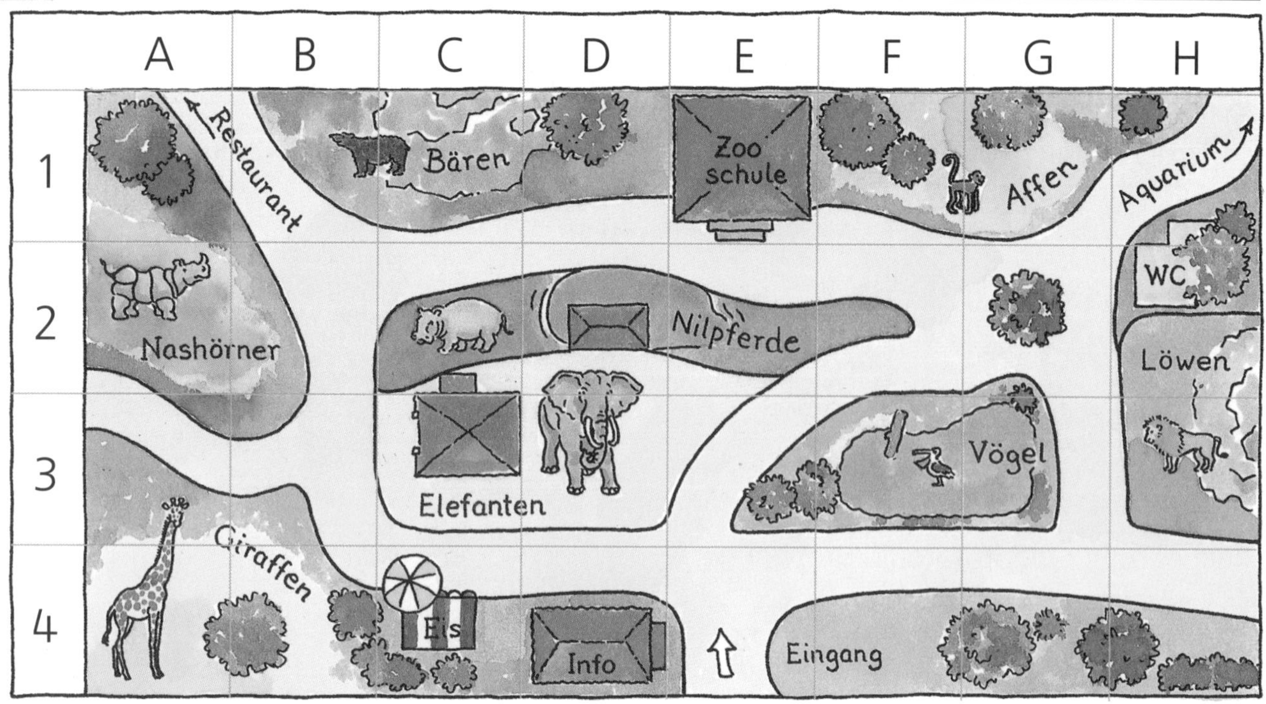
A
B
C
D
E
F
G
H
1
2
3
4
Restaurant
Bären
Zoo schule
Affen
Aquarium
WC
Nashörner
Nilpferde
Löwen
Vögel
Elefanten
Giraffen
Eis
Info
Eingang

1 Franziska geht in den Zoo. Sie möchte die Löwen und die Bären sehen. An welchen Tieren kommt sie noch vorbei?

____

2 Dustin kommt aus dem Aquarium. Er möchte die Tiere mit den längsten Hälsen sehen. Suche einen Weg.

____

3 Schreibe die Planquadrate auf.

Zooschule	______	Wasservögel	______	Eiswagen	______
Nashörner	______	Giraffen	______	Affen	______
Bären	______	Löwen	______	Restaurant	______

4 Wo standen die Kinder, als sie diese Fotos gemacht haben?

Zeichne an jede Stelle ein Kreuz in den Plan und schreibe den Buchstaben dazu.

a) 

b) 

c) 

d) 

5 Jana möchte alle Tiere sehen. Beschreibe den Weg, den sie gehen kann.

____

Zentimeter und Millimeter

Name: ______________________

zu Seite 59/60

1 Miss diese Strecken. Gib die Längen in zwei Schreibweisen an.

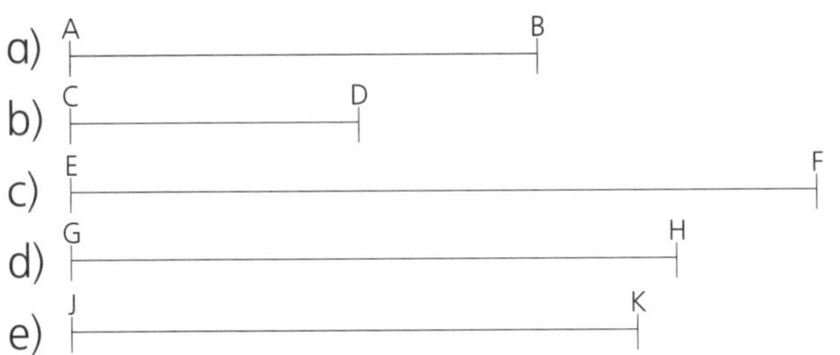
a)
A
B
b)
C
D
c)
E
F
d)
G
H
e)
J
K

a) ___ cm ___ mm = _____ mm
b) ___ cm ___ mm = _____ mm
c) ___ cm ___ mm = _____ mm
d) ___ cm ___ mm = _____ mm
e) ___ cm ___ mm = _____ mm

2 Gib die Länge der Strecken in Millimeter an.

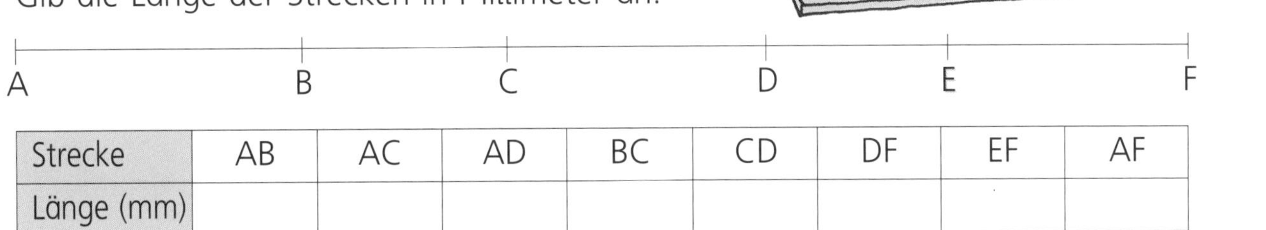
A
B
C
D
E
F

Strecke	AB	AC	AD	BC	CD	DF	EF	AF
Länge (mm)								

3 Welche Strecke ist länger? Schätze und miss nach.

a)

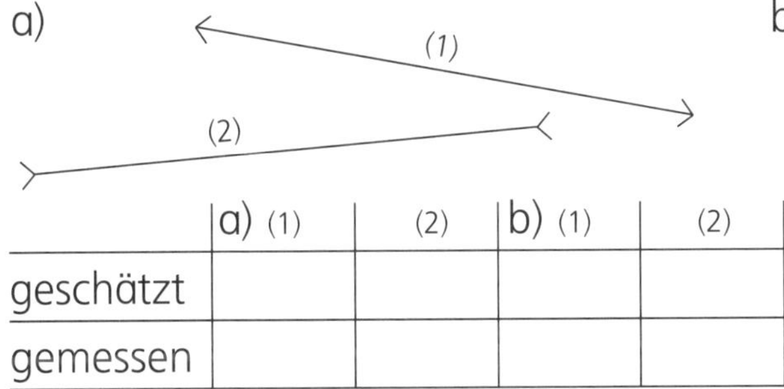
(1)
(2)

b)

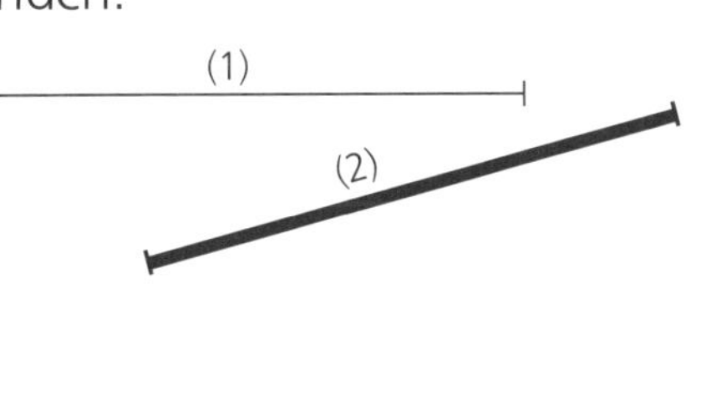
(1)
(2)

	a) (1)	(2)	b) (1)	(2)
geschätzt				
gemessen				

4 Zeichne Strecken.

8 cm 9 mm ├────────────

10 cm 3 mm ├────────────

7 cm 6 mm ├────────────

73 mm ├────────────

5 Schreibe in Millimeter.

a) 3 cm 8 mm = _____
5 cm 7 mm = _____
6 cm 9 mm = _____

b) 4 cm 9 mm = _____
7 cm 3 mm = _____
0 cm 8 mm = _____

c) 17 cm 8 mm = _____
11 cm 0 mm = _____
19 cm 9 mm = _____

6 Schreibe in Zentimeter.

a) 4 m 60 cm = _____
3 m 15 cm = _____
8 m 7 cm = _____

b) 5 m 55 cm = _____
7 m = _____
1 m 5 cm = _____

c) 10 m 30 cm = _____
10 m 3 cm = _____
11 m 11 cm = _____

zu Seite 60/61

Meter und Zentimeter

Name: ______________________________

1 Schreibe auf drei Weisen. 1,85 m = 1 m 85 cm = 185 cm

a) 5,84 m = ________ = ________
7,05 m = ________ = ________
3,15 m = ________ = ________

b) 2,35 m = ________ = ________
4,50 m = ________ = ________
7,05 m = ________ = ________

2

1,05 m			0,80 m
____ m ____ cm	2 m 50 cm		
____ cm		395 cm	

3 a) 4,40 m + 4,40 m = ________
0,50 m + 0,30 m = ________
2,70 m + 1,50 m = ________

b) 1,80 m − 0,90 m = ________
6,80 m − 3,60 m = ________
8,70 m − 3,40 m = ________

4 Daniel sägt von einer 2,20 m langen Latte ein 35 cm langes Stück ab.

F: ______________________________
____

A: ______________________________
____

L:

5 Trage die Länge der Wände in den Plan ein.

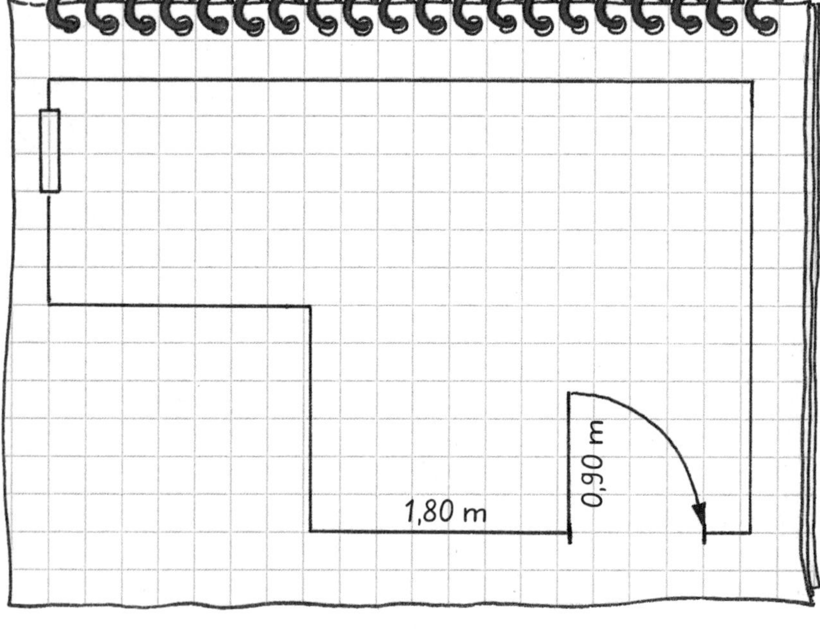
1,80 m
0,90 m

Die längste Wand ist 4,80 m lang.

Die Wand am Fenster ist 1,50 m lang.

Zwischen Tür und Wand sind es 30 cm.

Die gegenü
liegende
doppelt
lang.

6 Wo kann Vanessa die Möbel hinstellen? Zeichne sie in den Plan ein.

Bett | Schrank | Schreibtisch | Regal

1

Immer zwei Ergebnisse sind gleich!

	H	Z	E
a)	4	6	4
+	2	0	7

	H	Z	E
b)	4	2	6
+	1	3	4

	H	Z	E
c)	7	3	2
+	2	6	7

	H	Z	E
d)	1	2	9
+	6	8	3

	H	Z	E
e)	1	8	8
+	3	9	6

	H	Z	E
f)	5	4	8
+	4	5	1

	H	Z	E
g)		8	5
+	4	9	9

	H	Z	E
h)	7	4	7
+		6	5

	H	Z	E
i)	2	0	8
+	3	5	2

	H	Z	E
k)	3	0	8
+	3	6	3

2

Hier auch!

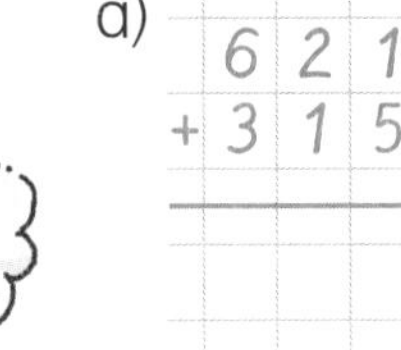

a) 621 + 315

b) 408 + 209

c) 296 + 107

d) 407 + 293

e) 857 + 47

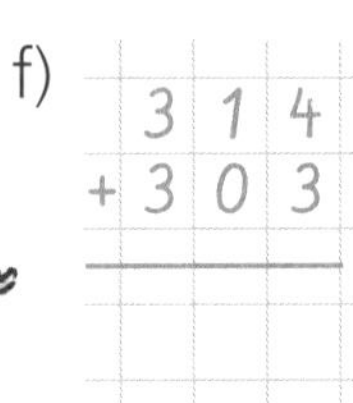

f) 314 + 303

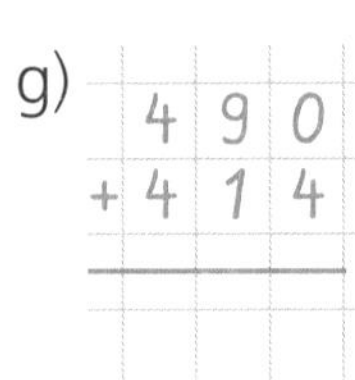

g) 490 + 414

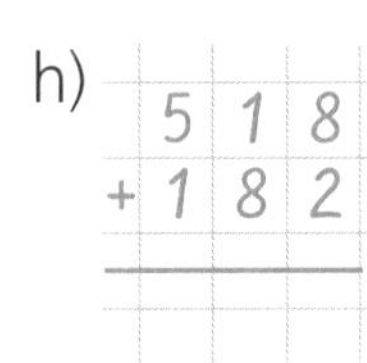

h) 518 + 182

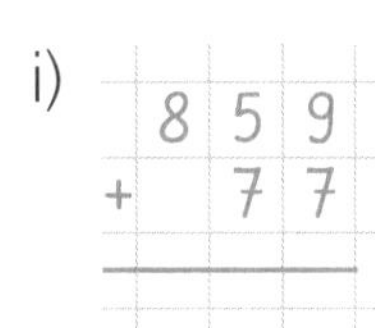

i) 859 + 77

k) 55 + 348

3 Schreibe untereinander, dann rechne.

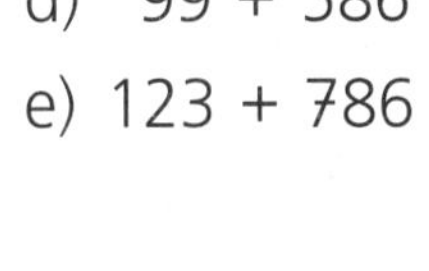

a) 376 + 254

b) 519 + 197

c) 406 + 89

d) 99 + 586

e) 123 + 786

495 630 685 716 809 909

4 Addiere die beiden Ergebnisse. Was fällt dir auf?

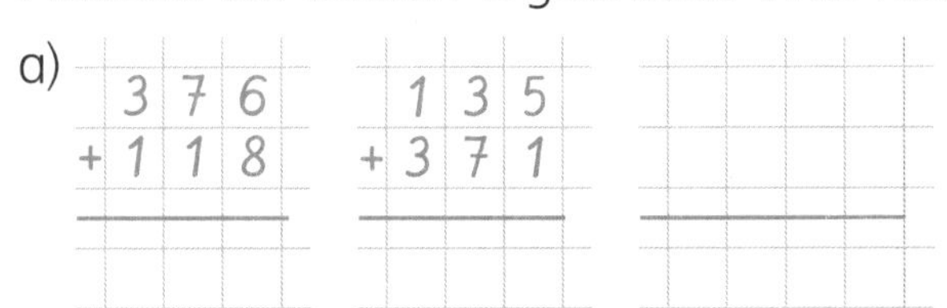

a) 376 + 118 135 + 371

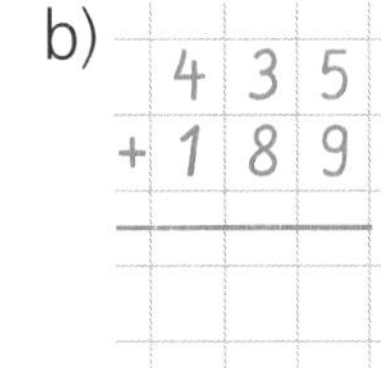

b) 435 + 189 298 + 78

Antwort: ____________________

____

zu Seite 66/67

Testlauf durch die Addition

Name:

1
a) 85 + 279 + 414
b) 196 + 248 + 344
c) 496 + 75 + 187
d) 58 + 85 + 585
e) 504 + 197 + 7
708 728 738 758 778 788
Ein Ergebn
bleibt übri
2
a) 396 + 77 + 213
b) 594 + 103 + 75
c) 672 + 8 + 115
d) 67 + 216 + 87
3 Was fällt auf?
EIS
a) 123 + 321
b) 234 + 432
c) 345 + 543
d)
Im Ergebnis
4
a) 4 7 + 31 = 20
b) 82 + 2 = 400
c) 39 + 2 2 = 02
d) 41 + 5 4 = 99
e) + 5 3 = 1010
5
9 + 67 = 62
9 + 67 = 62
9 + 67 = 62
9 + 67 = 62

③ Regel feststellen, dann noch eine Aufgabe aufschreiben. ⑤ Hier gibt es vier Möglichkeiten.

Addieren mit Geld

Name:

1 Frau Meurer hat heute viel einzukaufen.

a) Was zahlt sie in jedem Geschäft?

BÄCKEREI HUMMEL
1,43 €
1,60 €

METZGEREI
Wolf
4,23 €
2,43 €
3,18 €

SPIELZEUG PETZ
8,88 €
0,99 €

Blumen LENZ
8,98 €
2,50 €
1,50 €

b) Richtig oder falsch?

Frau Meurer geht zuerst zur „Bäckerei Ties". ___________

Frau Meurer kann in der Bäckerei mit einem 5-Euro-Schein bezahlen. ___________

Frau Meurer gibt in der Metzgerei mehr Geld aus als später im Spielzeugladen. ___________
10-Euro-Schein. Sie bekommt 13 ct zurück. ___________

Frau Meurer geht zuletzt zu „Blumen Becker". ___________

Frau Meurer zahlt im Blumengeschäft mit einem 20-Euro-Schein. Sie bekommt einen roten Geldschein zurück. ___________

Frau Meurer gibt insgesamt nicht mehr als 50 € aus. ___________

2 Was kostet es?

a)

TINTE
2,49 €
3,79 €
2,95 €

Summe: _________ €

b)

1,05 €
4,99 €
1,10 €

Summe: _________ €

c)

0,75 €
1,15 €
6,75 €

Summe: _________ €

3 Immer zwei Geldbeträge ergeben zusammen 10 €. Färbe die Felder in derselben Farbe.

Das rechne ich schnell im Kopf!

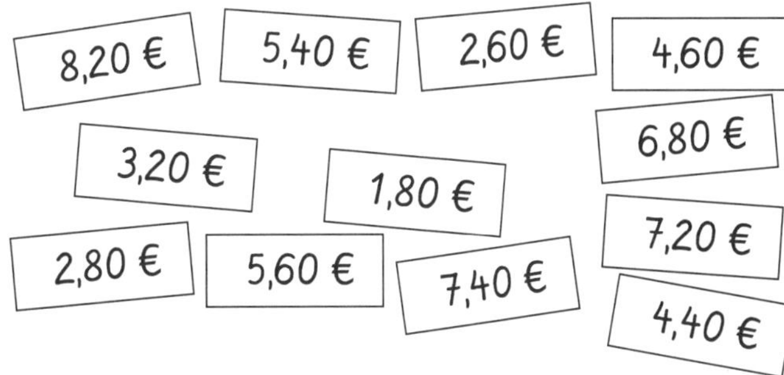
8,20 €
5,40 €
2,60 €
4,60 €
6,80 €
3,20 €
1,80 €
7,20 €
2,80 €
5,60 €
7,40 €
4,40 €

Überschlag

Name: ____________________

1 Überschlage zuerst im Kopf und schreibe das Ergebnis auf. Rechne danach nur die fünf Aufgaben, deren Ergebnisse zwischen 700 und 800 liegen.

a) 195 + 465 Ü: 700

b) 436 + 298 Ü: ______

c) 746 + 199 Ü: ______

d) 308 + 457 Ü: ______

e) 283 + 486 Ü: ______

f) 299 + 512 Ü: ______

g) 589 + 192 Ü: ______

h) 117 + 656 Ü: ______

2

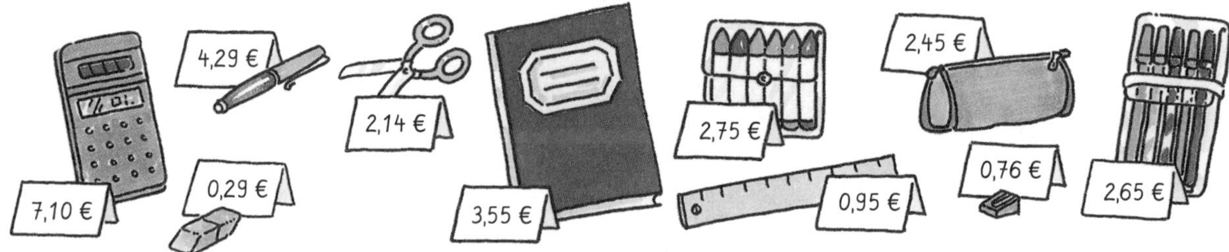
4,29 €
2,14 €
2,45 €
2,75 €
7,10 €
0,29 €
3,55 €
0,76 €
0,95 €
2,65 €

Was haben sich die Kinder von den Sonderangeboten ausgesucht?

a)
Ich habe für zwei Dinge 9,75 Euro ausgegeben.
b)
Und ich nur 2,90 Euro.
c)
Ich habe zwei Dinge mit einem 10-Euro-Schein bezahlt und habe 4 Euro zurück bekommen.
Michelle
Frank
Annika

A: Michelle kauft ____________________

A: Frank kauft ____________________

A: Annika kauft ____________________

3 Stimmt das?

a) Herr Kohlmann fährt am Montag 371 km und am Dienstag 349 km. Seiner Frau erzählt er: „An beiden Tagen waren das mehr als 700 km." ______

b) Familie Wagner fährt in Urlaub. Bis sie eine Pause machen, fahren sie 304 km. Danach sind es noch weitere 234 km bis zu ihrem Zielort. Dort meint Sohn Dominik: „Wenn wir sofort wieder nach Hause fahren, zeigt unser Tacho mehr als 1000 km mehr an als bei der Abfahrt." ______

Das kann ich schon

Name:

1 Trage die fehlenden Zahlen in die Ausschnitte der Hunderterfelder ein.

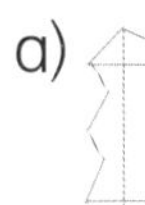

a) 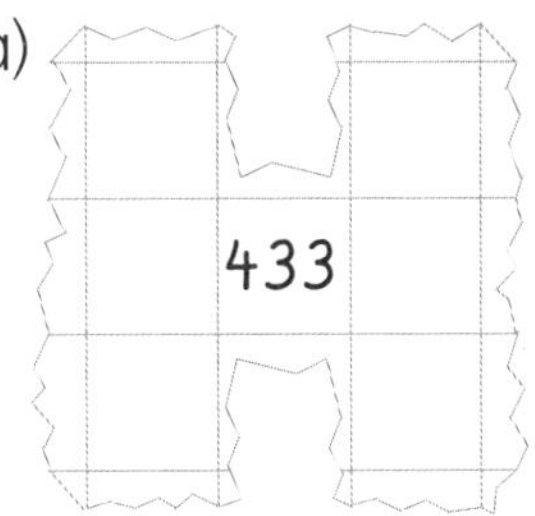
433

b) 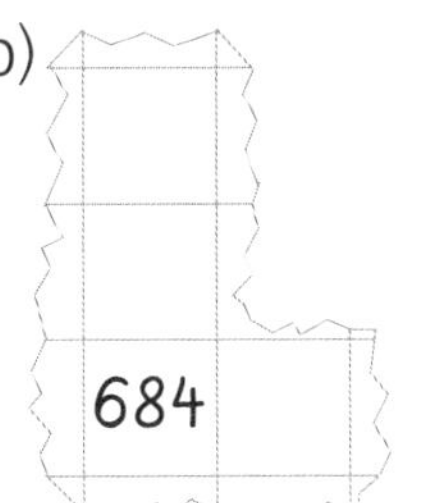
684

c) 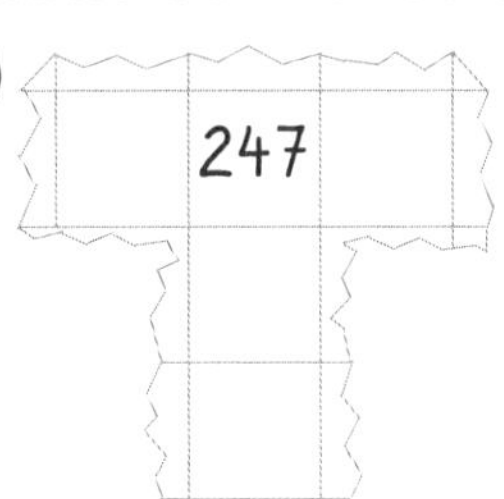
247

d) 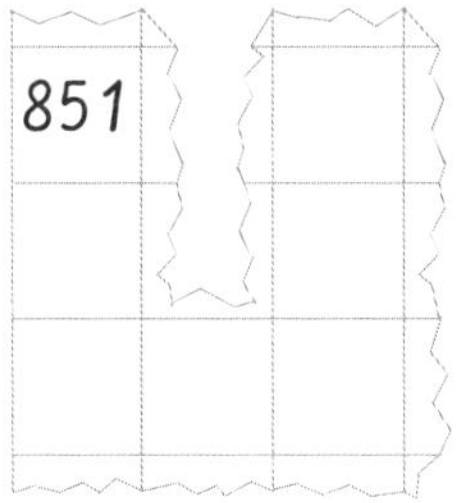
851

2 Was stellst du fest? Ergänze die fehlenden Aufgaben.

a) 750 − 180 = ____
740 − 180 = ____
730 − 180 = ____
____ − ____ = ____
____ − ____ = ____

b) 242 + 55 = ____
252 + 55 = ____
262 + 55 = ____
____ + ____ = ____
____ + ____ = ____

c) ____ − ____ = ____
____ − ____ = ____
364 − 68 = ____
374 − 78 = ____
____ − ____ = ____

3 a) 830 − 90 = ____
720 − 60 = ____
960 − 80 = ____

b) 480 + 70 = ____
630 + 90 = ____
750 + 80 = ____

c) 940 − 80 − 40 = ____
510 − 40 − 90 = ____
870 − 60 − 70 = ____

4 Addiere schriftlich.

a) 488 + 277
b) 785 + 97
c) 296 + 496
d) 395 + 508

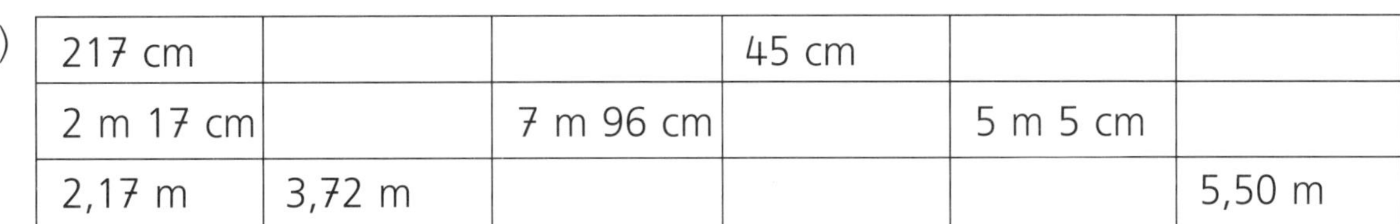

5 a)

217 cm			45 cm		
2 m 17 cm		7 m 96 cm		5 m 5 cm	
2,17 m	3,72 m				5,50 m

b)

322 ct		12 ct			998 ct
3 € 22 ct	1 € 46 ct			4 € 40 ct	
3,22 €			4,04 €		

6 Wie geht es weiter?

a) 4, 6, 16, 18, 28, ____ , ____ , ____ Regel: Immer ____ , dann ____

b) 80, 75, 55, 50, 30, ____ , ____ , ____ Regel: Immer ____ , dann ____

c) 90, 80, 100, 90, 110, ____ , ____ , ____ Regel: Immer ____ , dann ____

Gramm und Kilogramm

Name:

1 Was wird mit welcher Waage gewogen? Verbinde.

MEHL

69.4

2 Schätze zuerst und wiege dann nach.

	geschätzt	gewogen
Mäppchen		
Radiergummi		
Mathebuch		
Turnbeutel		

	geschätzt	gewogen
Locher		
Trinkflasche		
Kleber		

3 Ordne die Gewichte zu. Verbinde.

ZUCKER

ZEMENT
1 Zentner

1 kg | 10 kg | 35 kg | 50 kg | 100 kg

4 Wie schwer sind die Einkäufe?

ZUCKER
ZUCKER
1KG
Butter
250g
Butter
250g

___kg _____g

Butter
250g
Marmelade
450g
100g
100g

___kg _____g

MEHL
1KG
ZUCKER
1KG
Butter
250g
Marmelade
450g
100g

___kg _____g

5 Ergänze auf 1 Kilogramm.

a) 700 g + ______ g = 1 kg
254 g + ______ g = 1 kg
69 g + ______ g = 1 kg

b) 312 g + ______ g = 1 kg
17 g + ______ g = 1 kg
8 g + ______ g = 1 kg

zu Seite 76

Minni, das neue Meerschwein

Name:

Das ist Minni, Nellis neues Meerschweinchen. Es ist jetzt 12 Monate alt. Nelli hat es jeden Monat gewogen.

1 Lies die Aufgaben genau durch, fülle dann die Lücken in der Tabelle aus.

a) Als Minni genau 1 Monat alt war, wog es doppelt so viel wie bei der Geburt.

b) Nach 3 Monaten wog Minni 420 g. Im folgenden Monat 60 g mehr.

c) Mit 6 Monaten wog Minni sechsmal soviel wie bei der Geburt.

d) Im Alter von 8 Monaten wog Minni doppelt soviel wie mit 2 Monaten.

e) Zum Schluss hat es nur noch 10 g zugenommen.

Geburt	1 Monat	2 Monat	3 Monat	4 Monat	5 Monat	6 Monat	7 Monat	8 Monat	9 Monat	10 Monat	11 Monat	12 Monat
100 g	___ g	350 g	___ g	___ g	550 g	___ g	650 g	___ g	720 g	740 g	770 g	___ g

2 Wie viel Gramm wiegt Minni nach a) $\frac{1}{4}$ Jahr: _____ g b) 1 Jahr: _____ g

3 Zeichne zu der Gewichtstabelle von Minni ein Schaubild. Für 10 g zeichne 1 mm.

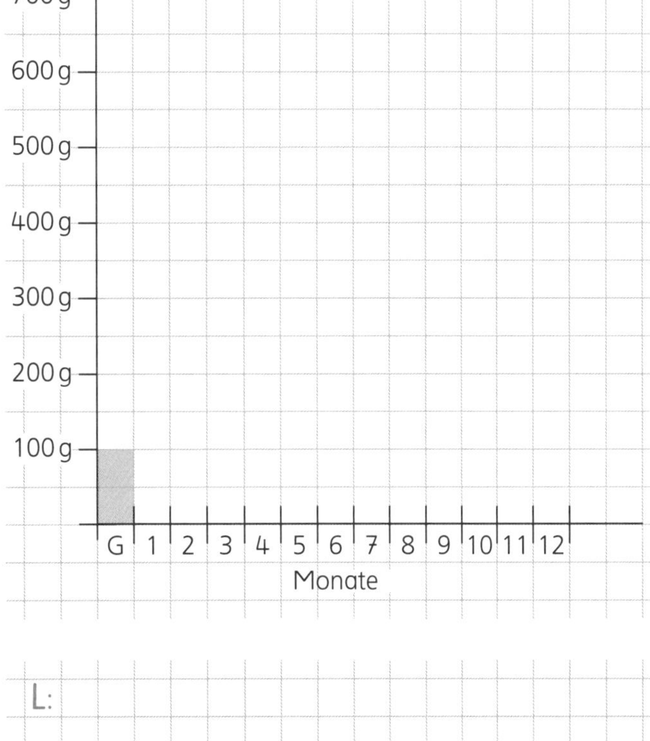
Gewicht
800 g
700 g
600 g
500 g
400 g
300 g
200 g
100 g
G 1 2 3 4 5 6 7 8 9 10 11 12
Monate
L:

4 Minni frisst täglich ungefähr 15 g Kraftfutter. Wie viel Gramm Kraftfutter sind das in einer Woche?

L: ______________________

____

A: ______________________

____

5 Nelli kauft Trockenfutter für 4,98 € und Streu für 3,25 €. Sie bezahlt mit einem 10-Euro-Schein.

F: ______________________

____

A: ______________________

____

zu Seite 77

Gramm und Kilogramm

Name: ______________________

1 Schreibe das Gewicht der Ware auf.

500
50
100

200
500
200

500
100

Äpfel: __________ g Birnen: __________ g Kirschen: __________ g

2 Schreibe das Gewicht der Ware auf.

500
50
200
200

500
100
50
20

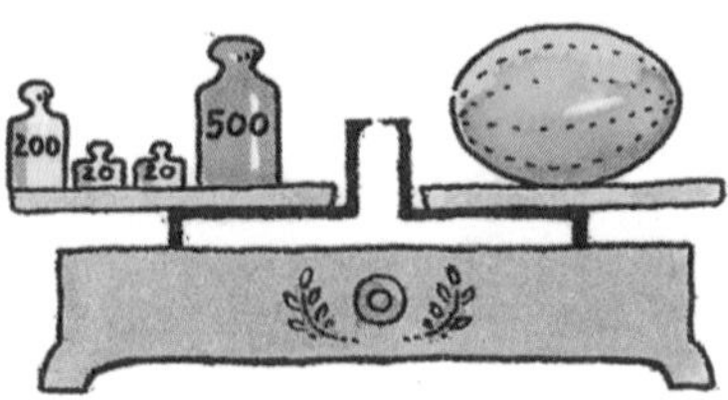
200
20
20
500

Trauben: __________ g Pflaumen: __________ g Melone: __________ g

3 Welche Gewichtssteine stehen auf der Waage?

a) Erdbeeren: 900 g

_____ + _____ + _____

b) Kiwis: 750 g

_____ + _____ + _____

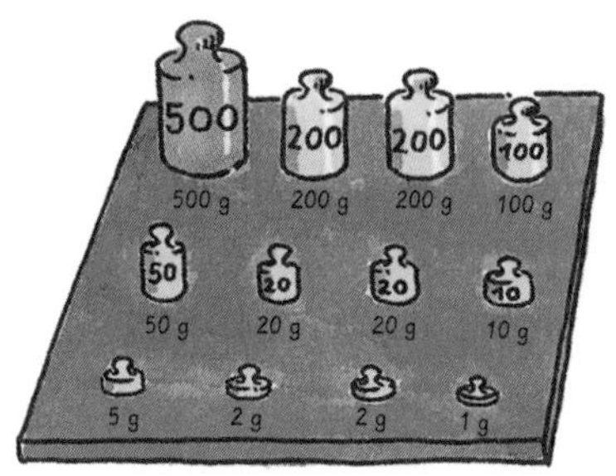
500
200
200
100
500 g
200 g
200 g
100 g
50
20
20
10
50 g
20 g
20 g
10 g
5 g
2 g
2 g
1 g

c) Bananen: 620 g

_____ + _____ + _____

d) Nektarinen: 720 g

_____ + _____ + _____

e) Nüsse: 560 g

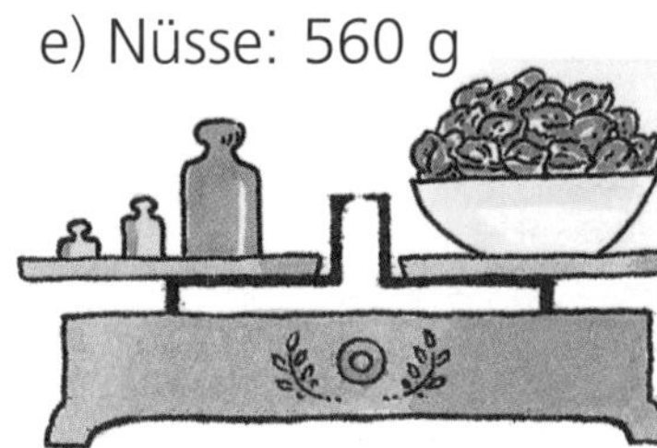

_____ + _____ + _____

f) 852 g = ____

4 Welches Kind ist am schwersten?

Luca
Julian

Anna
Luca

__________ ist leichter als __________.

__________ ist leichter als __________.

__________ ist leichter als __________.

__________ ist am schwersten.

Einmaleins der Zehner

Name: ____________________

zu Seite 80

1

a)

· 50 →	
7	
2	
	250
8	

b)

· 20 →	
6	
	40
3	
9	

c)

· 40 →	
5	
8	
	280
4	

d)

· 30 →	
4	
	60
8	
6	

e)

· 60 →	
	300
9	
	180
7	

2 2 3 5 5 7 60 100 120 120 160 180 180 200 240 320 350 400 420 480 540

2 Kreise ein.

a) Maxi-Zahlen der 40er-Reihe rot, Maxi-Zahlen der 80er-Reihe grün.

80 140 160 210 240 270 280 320 350 360 400

3

560 460 210 640 240 320 600 400 720 360 680

Suche die Maxi-Zahlen der 80er-Reihe. Kreise sie ein und schreibe die Mal-Aufgabe dazu.

7 · 80 = ____________ ____________

____________ ____________

____________ ____________

4

a) 50 · 2 = ____
50 · 4 = ____
50 · 8 = ____

b) 30 · 3 = ____
30 · 5 = ____
30 · 7 = ____

c) 4 · 40 = ____
8 · 40 = ____
7 · 40 = ____

d) 3 · 80 = ____
6 · 80 = ____
9 · 80 = ____

5

a) 2 · 80 = ____
3 · 40 = ____
6 · 20 = ____

b) 30 · 9 = ____
80 · 5 = ____
40 · 6 = ____

c) 80 · 8 = ____
40 · 4 = ____
20 · 8 = ____

d) 9 · 40 = ____
6 · 50 = ____
6 · 30 = ____

6 Welches Rechenzeichen passt? + − ·

a) 80 ◯ 10 = 90
50 ◯ 5 = 250
30 ◯ 10 = 300

b) 7 ◯ 50 = 350
8 ◯ 40 = 48
80 ◯ 10 = 70

c) 30 ◯ 5 = 25
80 ◯ 4 = 320
100 ◯ 5 = 500

7

a) Tim denkt sich eine Zahl. Er multipliziert sie mit 6 und erhält 480.
b) Jens denkt sich eine Zahl. Er addiert 50 und erhält 530.
c) Tina denkt sich eine Zahl. Sie multipliziert sie mit 50 und erhält 450.
80 480 90 9

Lösung: ________ Lösung: ________ Lösung: ________

zu Seite 81

Einmaleins der Zehner

Name:

1

a)

·	20	40	80
2			
4			
8			

b)

·	30	60	90
3			
6			
9			

c)

·	20	50	
10			700
5			
0			

2

a) 180 = _____ · 90
180 = _____ · 60

b) 120 = _____ · 20
120 = _____ · 40

c) 240 = _____ · 40
240 = _____ · 80

d) 80 = _____ · 40
80 = _____ · 80

3

a) 2 · 90 = _____
20 · 9 = _____

b) 6 · 70 = _____
60 · 7 = _____

c) 7 · 80 = _____
70 · 8 = _____

4

a) 7 · 30 = 70 · 3 = _____
9 · 60 = __________ = _____
8 · 90 = __________ = _____

b) 3 · 40 = __________ = _____
5 · 70 = __________ = _____
4 · 60 = __________ = _____

5

a) 9 · 40 + 60 = 360 + 60 = _____
4 · 60 + 30 = __________ = _____
4 · 70 + 30 = __________ = _____

b) 5 · 70 − 50 = __________ = _____
7 · 80 − 10 = __________ = _____
4 · 40 − 10 = __________ = _____

150 250 270 300 310 420 550

6

a) Kathrin denkt sich eine Zahl. Sie multipliziert sie mit 90 und addiert dann 300. Als Ergebnis erhält sie 660.

b) Felix denkt sich eine Zahl. Er subtrahiert 50 und multipliziert mit 60. Als Ergebnis erhält er 300.

c) Lena denkt sich eine Zahl. Sie multipliziert sie mit 70 und subtrahiert dann 200. Als Ergebnis erhält sie 360.

Lösungszahl: _____

Lösungszahl: _____

Lösungszahl: _____

7

a)

•	60	40	
3			
5			

b)

•			
	210		770
40			

c)

•			
		560	800
		700	

Das Einmaleins mit 11, 12 und 25

Name: ______

zu Seite 82

1

Kästen	1	5		7		10	6	
Flaschen	12		96		48			108

2 Welche Zahlen fehlen?

a) 7 · 1 1 = ____
_ · 1 1 = 4 4
8 · 1 1 = ____

b) 3 · 1 2 = ____
6 · 1 2 = ____
_ · 1 2 = 8 4

c) _ · 2 5 = 2 5 0
5 · 2 5 = ____
_ · 2 5 = 1 5 0

d) _ · 1 1 = 9 9
_ · 1 2 = 6 0
7 · 2 5 = ____

3 Manchmal ist die Tauschaufgabe leichter.

a) 5 · 11 = ____
11 · 6 = ____

b) 12 · 8 = ____
3 · 12 = ____

c) 10 · 25 = ____
9 · 25 = ____

d) 11 · 3 = ____
12 · 5 = ____

4 Wer die 50er-Reihe kann, kann auch die 25er-Reihe.

a) 50 : 50 = ____
50 : 25 = ____

b) 100 : 50 = ____
100 : 25 = ____

c) 200 : 50 = ____
200 : 25 = ____

d) 300 : 50 = ____
300 : 25 = ____

5 Kennst du noch das Maldurch?

a)
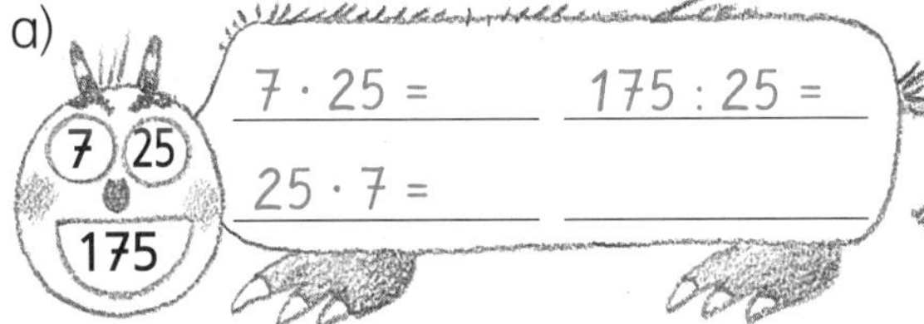
7
25
175
7 · 25 =
175 : 25 =
25 · 7 =

b)
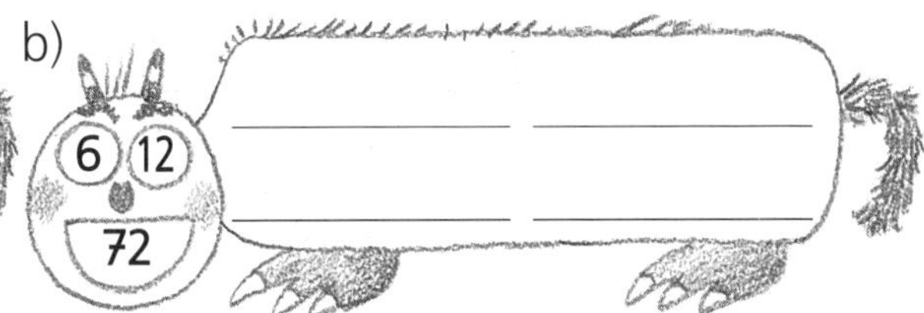
6
12
72

c) d)
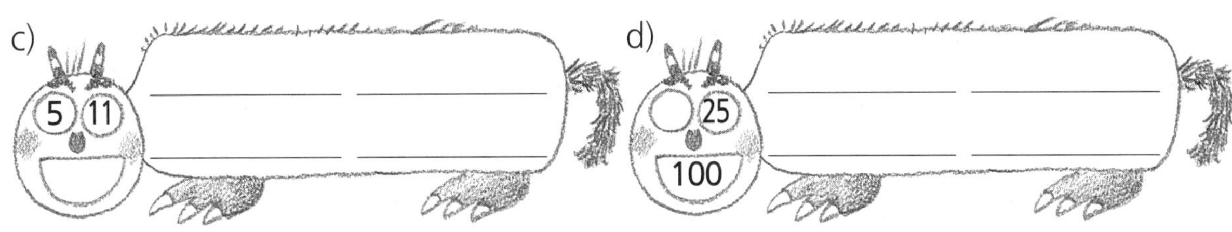
5
11
25
100

6 Welche Zahl ist es?

a) Die Zahl gehört zur 12er-Reihe. Die Quersumme ist 15.

Lösung: ____

b) Die Zahl gehört zur 11er- und zur 5er-Reihe.

Lösung: ____

c) Die Zahl gehört zur 25er-Reihe und liegt zwischen 110 und 140.

Lösung: ____

d) Die Zahl gehört zur 11er-Reihe und ist eine Quadratzahl.

Lösung: ____

e) Die Zahl gehört zur 25er-Reihe. Die Quersumme ist 1.

Lösung: ____

f) Die Zahl gehört zur 12er-Reihe und der nächstgelegene Nachbarzehner ist 100.

Lösung: ____

zu Seite 83

Halbschriftliches Multiplizieren

Name:

1 Wie viele Murmeln sind es?

a)

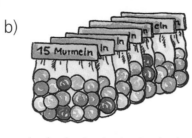

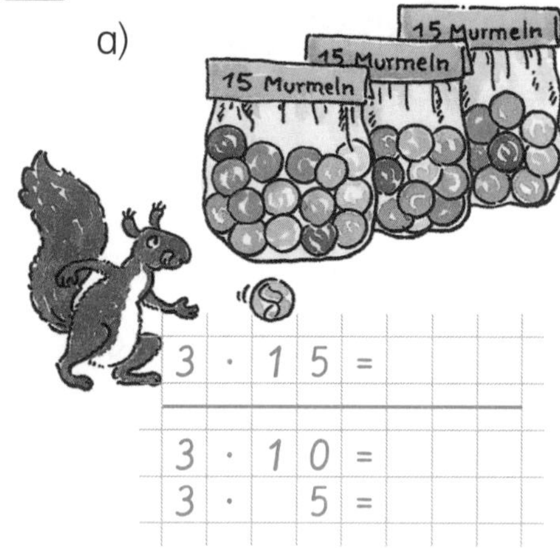
15 Murmeln
15 Murmeln
15 Murmeln

3 · 15 =

3 · 10 =
3 · 5 =

b)

7 · 15 =

c)

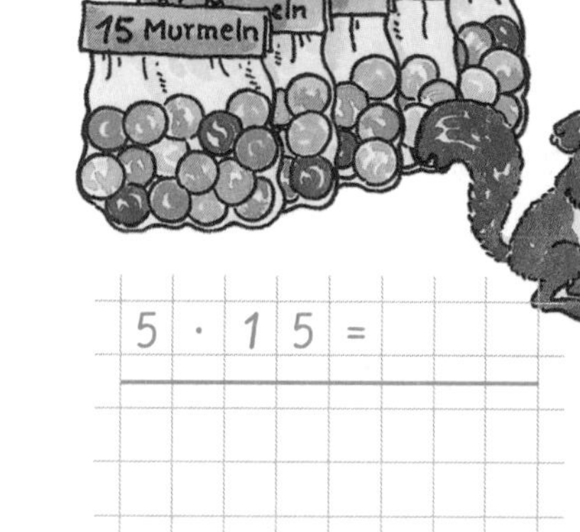
15 Murmeln

5 · 15 =

2 a)

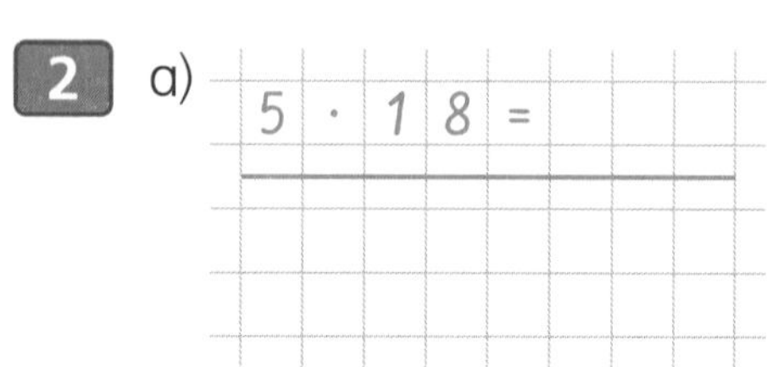

5 · 18 =

b)

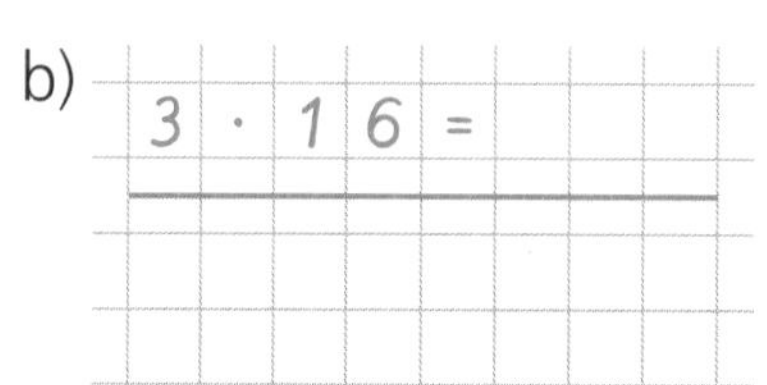

3 · 16 =

c)

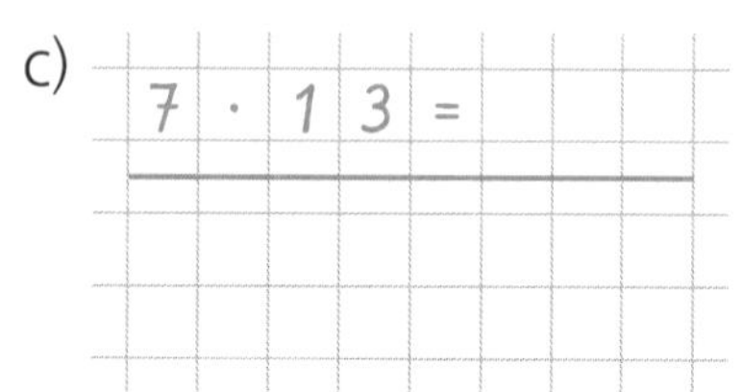

7 · 13 =

3 Jens hat vier Tüten Murmeln gekauft. In einer Tüte sind 17 Murmeln.

L:

F: Wie viele Murmeln sind es?

A: ______________________________

____

4 Kannst du die Zwischenschritte schon im Kopf rechnen?

a) 10 · 15 = ____
9 · 15 = ____
8 · 15 = ____

b) 5 · 18 = ____
6 · 18 = ____
7 · 18 = ____

c) 2 · 36 = ____
3 · 36 = ____
4 · 36 = ____

d) 3 · 53 = ____
6 · 53 = ____
9 · 53 = ____

72 90 108 108 120 126 135 144 150 159 318 367 477

5 Wie teuer sind die Spielsachen?

a)

14,- €

Anzahl	Preis
1	
2	
4	
5	
10	

b)

12,- €

Anzahl	Preis
5	
10	
2	
4	
8	

c)

13,- €

Anzahl	Preis
8	
4	
2	
5	
10	

Halbschriftliches Multiplizieren

Name:

zu Seite 84

1

a) 6 · 28 =

6 · 20 =
6 · 8 =

b) 7 · 53 =

c) 4 · 84 =

d) 3 · 97 =

e) 5 · 67 =

f) 8 · 36 =

2

a)

7 · 4
4 · 7
7 · 40
4 · 70
7 · 44
4 · 77
4
7

4 · 7 =
4 · 70 =
4 · 77 =
7 · 4 =
7 · 40 =
7 · 44 =

b)

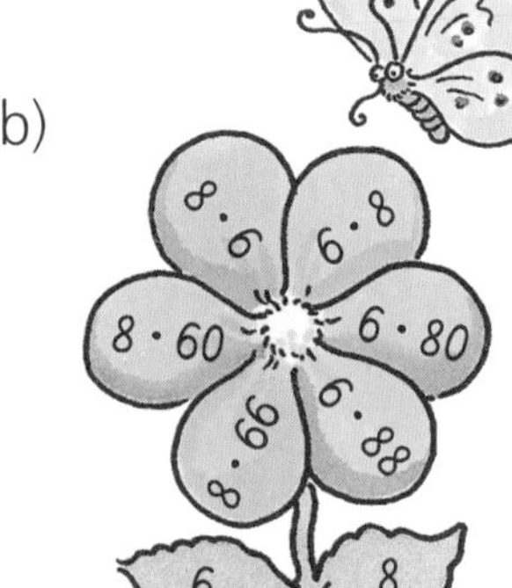
8 · 6
6 · 8
8 · 60
6 · 80
8 · 66
6 · 88
6
8

6 · 8 =

c)

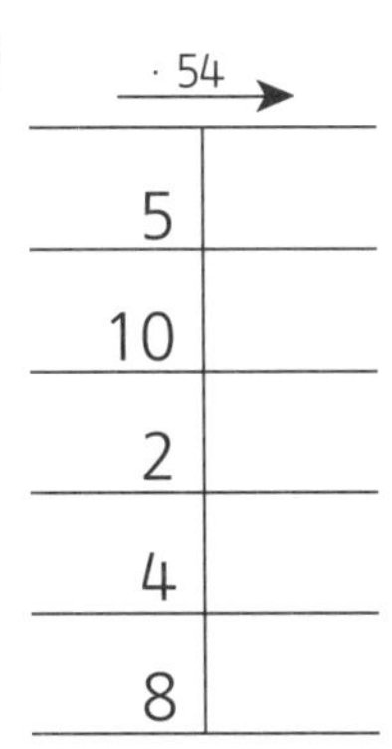
3
9

3 · 9 =

d)

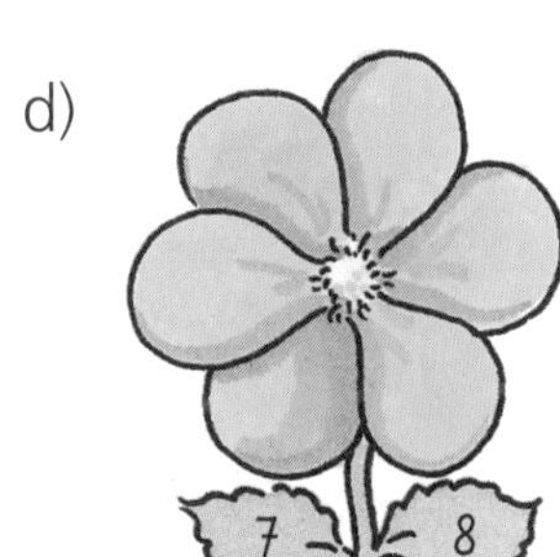
7
8

7 · 8 =

3

a) · 54

5	
10	
2	
4	
8	

b) · 23

3	
6	
9	
8	
7	

c) · 35

2	
4	
6	
3	
9	

d) · 62

3	
4	
7	
8	
5	

4

a)

•	40	6	
3			
8			

b)

•	50		
	350		
4		12	

c)

•		7	
	360		
9			
	900		

Multiplizieren mit Geld

Name:

1 Schale Erdbeeren 1,50 €
1kg Trauben 1,80 €
1 Packung Äpfel 1,70 €

1 a) 3 kg Trauben

b) 4 Schalen Erdbeeren

c) 5 Packungen Äpfel

2 Sarah kauft 3 Bund Möhren. 1 Bund kostet 1,90 €.

F: __________

A: __________

L:

3

Salat 0,69 €

Gurke 0,58 €

Kiwi 0,29 €

Orange 0,49 €

a) Robin kauft drei Gurken.

F: __________

A: __________

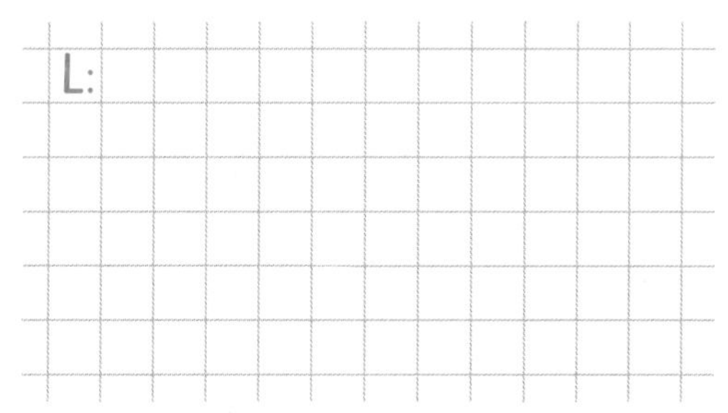

L:

b) 3 Salatköpfe

c) 8 Kiwis

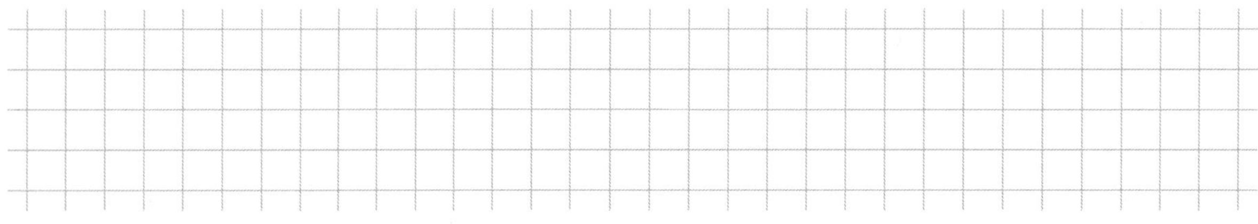

d) 5 Orangen, 4 Salatköpfe

1 In der Klasse 3a sind 20 Kinder.
Zum Frühstück wird für jedes Kind ein Roggenbrötchen bestellt.

F: ___

L:

Roggenbrötchen	1	10	20
Preis			

A: ___

Preisliste

Mohnbrötchen	30 ct
Roggenbrötchen	35 ct
Mehrkornbrötchen	45 ct
Käsebrötchen	50 ct
Rosinenbrötchen	55 ct

2 In der Klasse 3b sind 24 Kinder. Für jedes Kind wird ein Mohnbrötchen bestellt.

F: ___

L:

Mohnbrötchen	1	
Preis		

A: ___

3 Wie teuer sind 18 Rosinenbrötchen?

L:

Rosinenbrötchen	
Preis	

A: ___

4 Wie teuer sind 16 Käsebrötchen?

L:

Käsebrötchen	
Preis	

A: ___

5 a) 1 Roggenbrötchen 0,35 €

Anzahl	Preis
2	
4	
6	
8	

b) 1 Käsestange 0,98 €

Anzahl	Preis
3	
6	
9	
10	

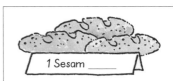

c) 1 Sesam ___

Anzahl	Preis
10	
5	
2	1,30 €
7	

Dividieren durch Zehner und Einer

Name:

1 Maxi macht 60er-Sprünge. Wie viele Sprünge macht sie?

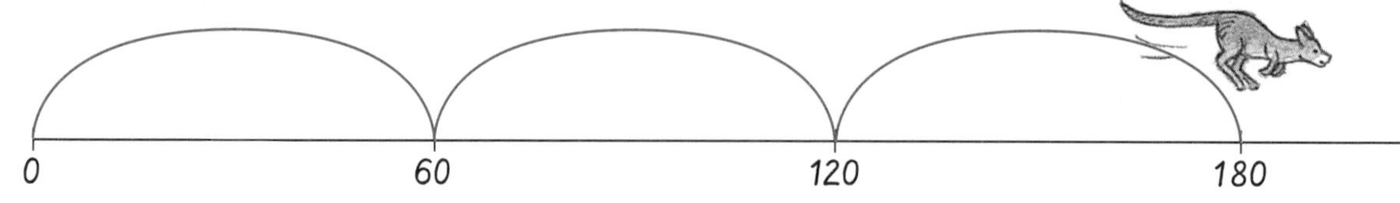
0
60
120
180

a) 180 : 60 = ____ b) 480 : 60 = ____ c) 120 : 60 = ____ d) 360 : 60 = ____
420 : 60 = ____ 240 : 60 = ____ 540 : 60 = ____ 600 : 60 = ____
300 : 60 = ____ 60 : 60 = ____ 420 : 60 = ____ 660 : 60 = ____

2 Maxi macht verschieden große Sprünge. Wie viele Sprünge macht sie?

a) 180 : 30 = ____ b) 240 : 40 = ____ c) 240 : 80 = ____ d) 270 : 90 = ____
240 : 30 = ____ 120 : 40 = ____ 480 : 80 = ____ 360 : 90 = ____
120 : 30 = ____ 360 : 40 = ____ 640 : 80 = ____ 540 : 90 = ____

3 Mini macht 6er-Sprünge. Wie viele Sprünge macht sie?

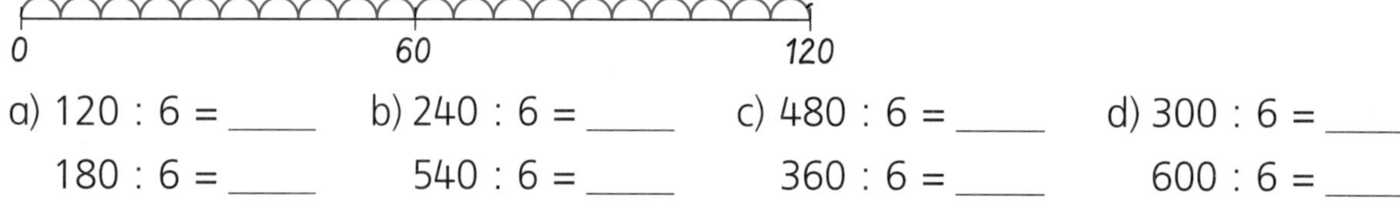
0
60
120

a) 120 : 6 = ____ b) 240 : 6 = ____ c) 480 : 6 = ____ d) 300 : 6 = ____
180 : 6 = ____ 540 : 6 = ____ 360 : 6 = ____ 600 : 6 = ____
300 : 6 = ____ 60 : 6 = ____ 420 : 6 = ____ 660 : 6 = ____

4 Mini macht verschieden große Sprünge. Wie viele Sprünge macht sie?

a) 120 : 3 = ____ b) 150 : 5 = ____ c) 140 : 7 = ____ d) 270 : 9 = ____
240 : 3 = ____ 300 : 5 = ____ 350 : 7 = ____ 450 : 9 = ____
150 : 3 = ____ 450 : 5 = ____ 560 : 7 = ____ 630 : 9 = ____

5 Maxi macht 90er-Sprünge, Mini 9er-Sprünge. Sie treffen sich bei den Maxi-Zahlen. Welche Zahlen sind Maxi-Zahlen? Schreibe immer die beiden Mal-Aufgaben dazu.

110 180 360 440 540 560 640 720

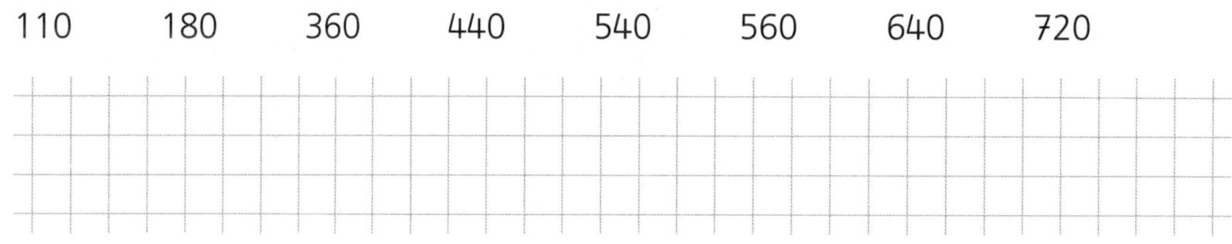

6 Mini macht 8er-Sprünge, Maxi 80er-Sprünge. Bei welchen Zahlen treffen sie sich?

____ ____ ____ ____ ____ ____ ____ ____ ____ ____

Halbschriftliches Dividieren

Name:

zu Seite 89

1 a) 276 : 3 = ____

dann noch
____ Sprünge
erst ____ Sprünge
0
270
276

b) 332 : 4 = ____

dann noch
____ Sprünge
erst ____ Sprünge
0
320
332

2 a) 258 : 6 = ____

dann noch
____ Sprünge
erst ____ Sprünge
0
258

b) 360 : 8 = ____

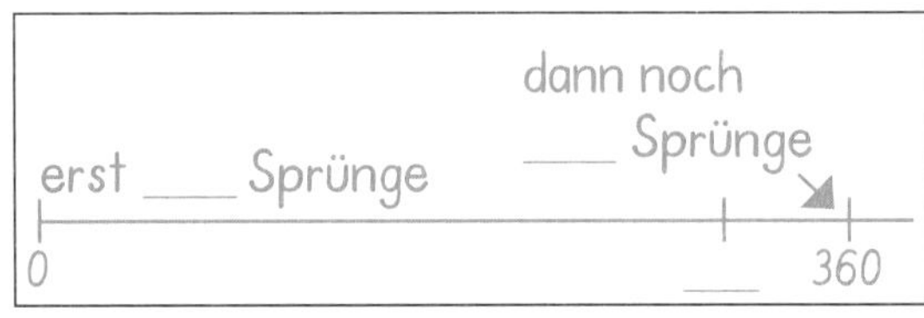
dann noch
____ Sprünge
erst ____ Sprünge
0
360

3 a) 728 : 7 = ____

dann noch
____ Sprünge
erst ____ Sprünge
0
700

b) 436 : 4 = ____

dann noch
____ Sprünge
erst ____ Sprünge
0

4 a) 651 : 7 = ____ b) 144 : 3 = ____ c) 378 : 9 = ____

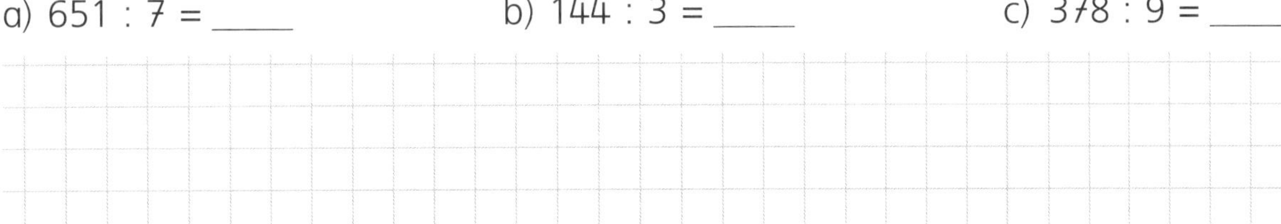

5 a) 496 : 8 = ____ b) 588 : 6 = ____ c) 344 : 4 = ____

6 a)

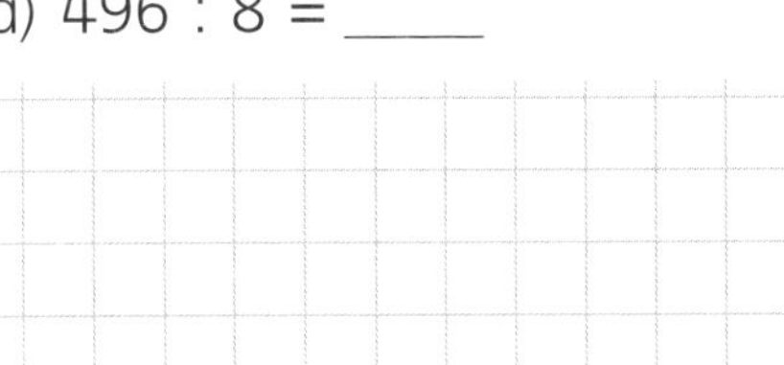

3	1	8	:	3	=	
3	0	0	:	3	=	
	1	8	:	3	=	

b) 525 : 5 = ____
330 : 3 = ____
642 : 6 = ____

c) 424 : 4 = ____
714 : 7 = ____
927 : 9 = ____

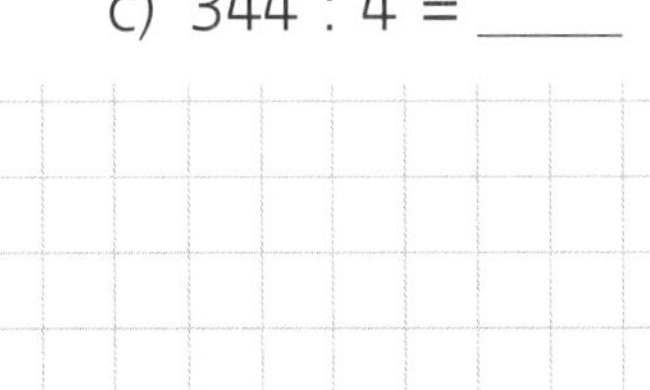
Wer kann
es schon im
Kopf?

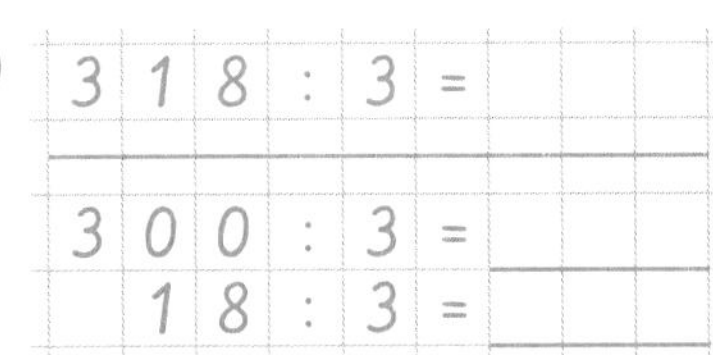

7 a) 205 : 5 = ____
195 : 5 = ____

b) 568 : 8 = ____
552 : 8 = ____

c) 324 : 4 = ____
316 : 4 = ____

zu Seite 90/91

Dividieren mit Geld

Name: ______________________

1 Wie hoch ist der Einzelpreis?

a)

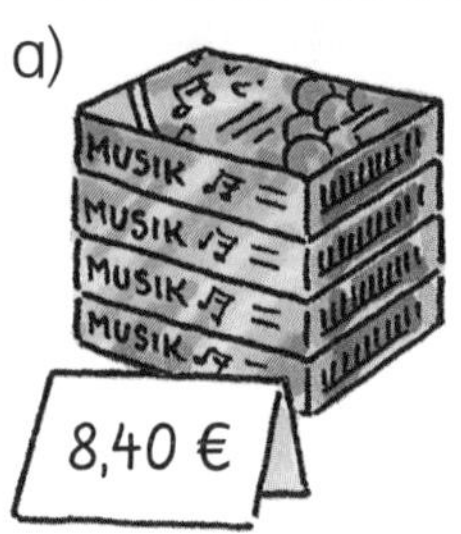
MUSIK
MUSIK
MUSIK
MUSIK
8,40 €

b)

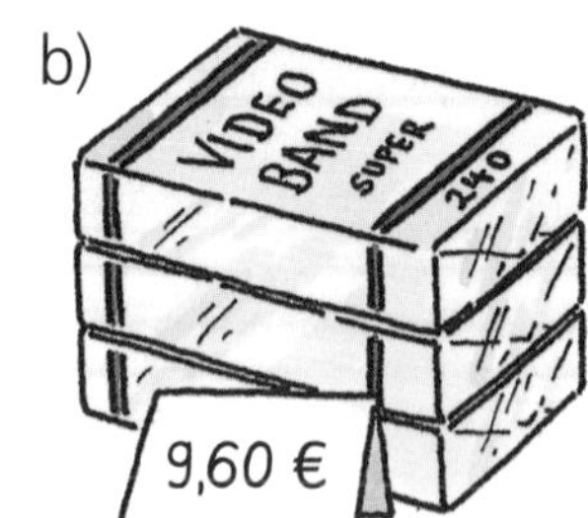
VIDEO
BAND
SUPER
240
9,60 €

______________ ______________

8,40 € : 4 = ______ €

8,00 € : 4 =
40 ct : 4 =

2 a) Tine kauft sechs kleine Pinsel. Sie kosten 5,40 €. Wie viel kostet ein Pinsel?

A: ______________________________________

b) Lea kauft vier Batterien. Sie kosten 4,80 €.

A: ______________________________________

L:

3 Wie viel kostet ein Stück?

6 Brötchen
1,80 €

1,50 €

2,80 €

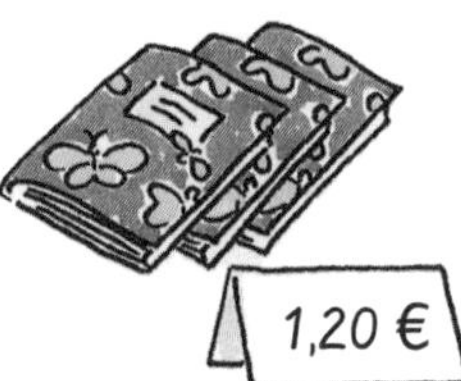
1,20 €

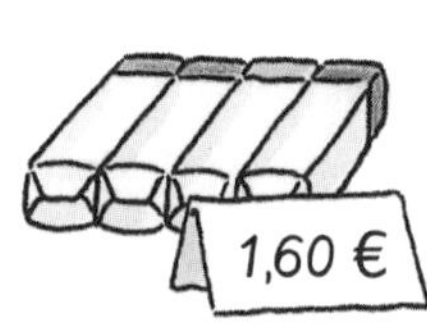
1,60 €

______________ ______________ ______________ ______________ ______________

4 a) 0,90 € : 3 = _____ €
1,60 € : 4 = _____ €

b) 4,90 € : 7 = _____ €
6,40 € : 8 = _____ €

c) 8,40 € : 8 = _____ €
6,60 € : 6 = _____ €

5 Wie teuer ist ein Stift?

a)

3 St. 3,48 €

b)

5 St. 7,45 €

3,48 € : 3 = ______ €

3,00 € : 3 =
30 ct : 3 =
18 ct : 3 =

7,45 € : 5 = ______ €

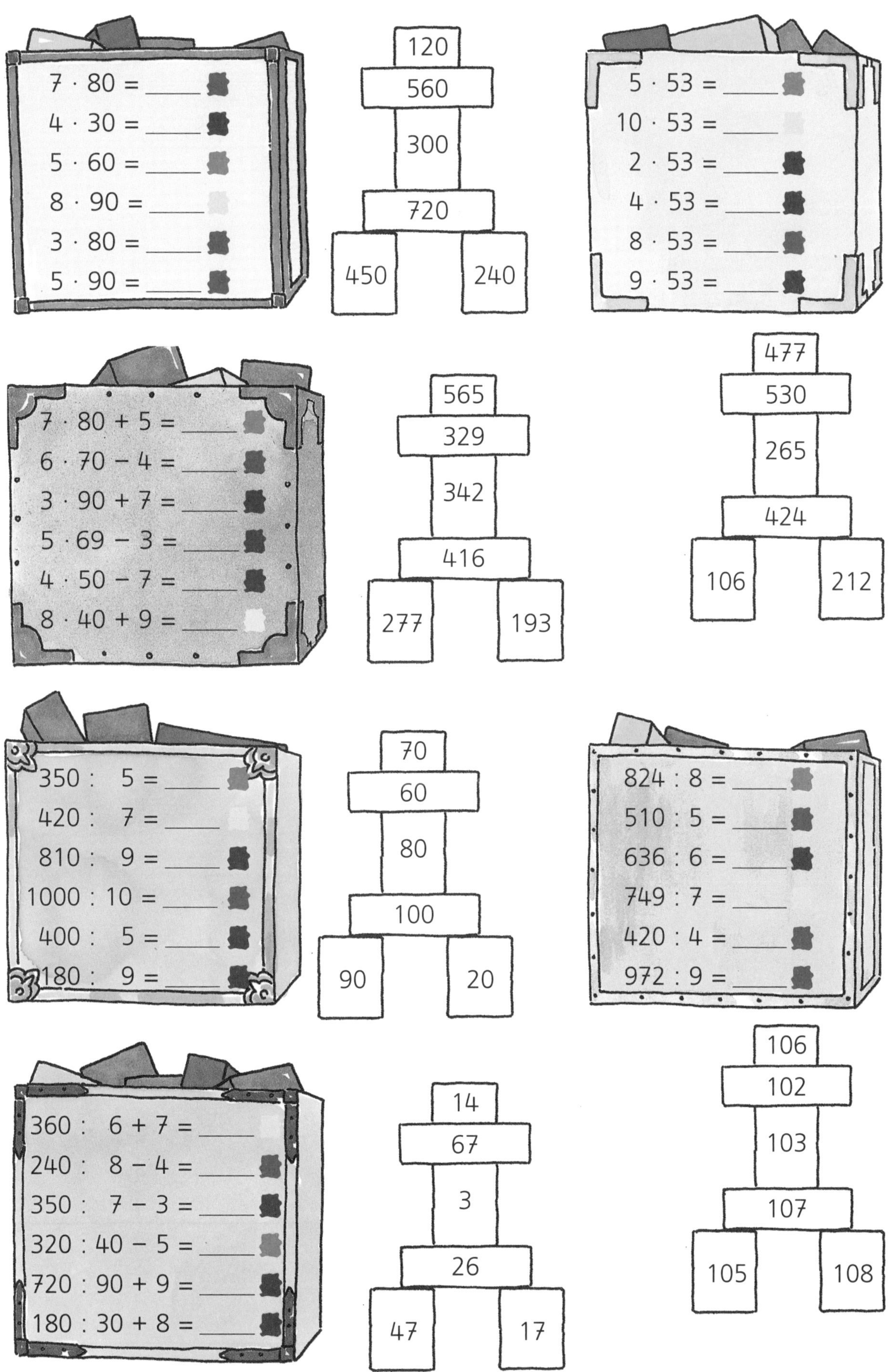
7 · 80 =
4 · 30 =
5 · 60 =
8 · 90 =
3 · 80 =
5 · 90 =
120
560
300
720
450
240
5 · 53 =
10 · 53 =
2 · 53 =
4 · 53 =
8 · 53 =
9 · 53 =
7 · 80 + 5 =
6 · 70 − 4 =
3 · 90 + 7 =
5 · 69 − 3 =
4 · 50 − 7 =
8 · 40 + 9 =
565
329
342
416
277
193
477
530
265
424
106
212
350 : 5 =
420 : 7 =
810 : 9 =
1000 : 10 =
400 : 5 =
180 : 9 =
70
60
80
100
90
20
824 : 8 =
510 : 5 =
636 : 6 =
749 : 7 =
420 : 4 =
972 : 9 =
360 : 6 + 7 =
240 : 8 − 4 =
350 : 7 − 3 =
320 : 40 − 5 =
720 : 90 + 9 =
180 : 30 + 8 =
14
67
3
26
47
17
106
102
103
107
105
108

Rechne und male die Türme an. Immer zwei Türme sind gleich gefärbt.

Schriftliches Subtrahieren

Name:

1 Sprich leise, wie du rechnest.

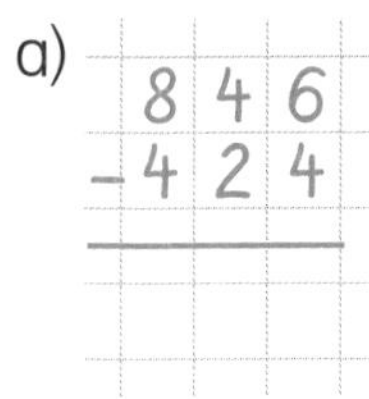
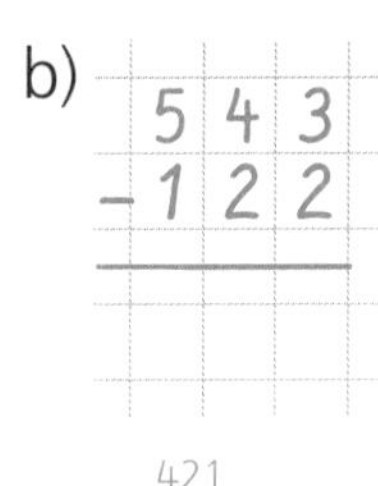
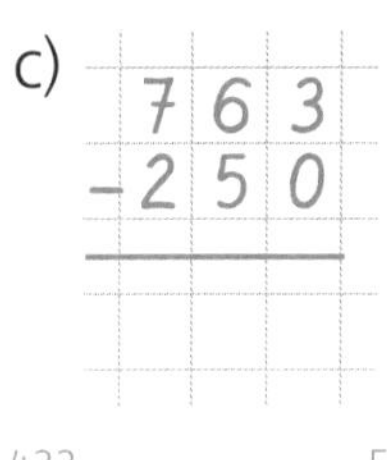
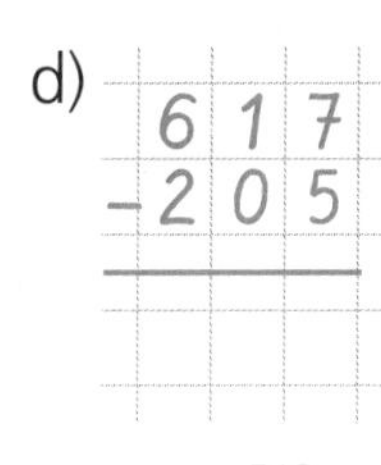

a) 846 − 424 b) 543 − 122 c) 763 − 250 d) 617 − 205 e) 752 − 231

412 421 422 503 513 521

2 Aufgepasst!

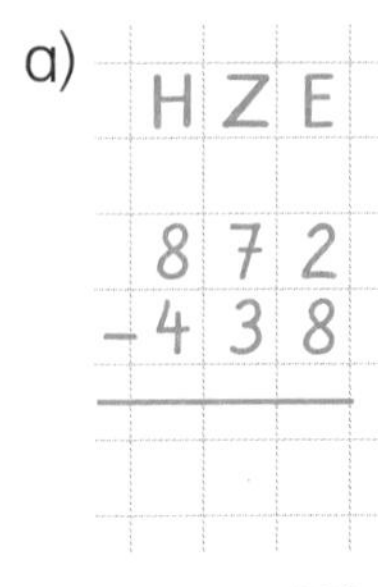
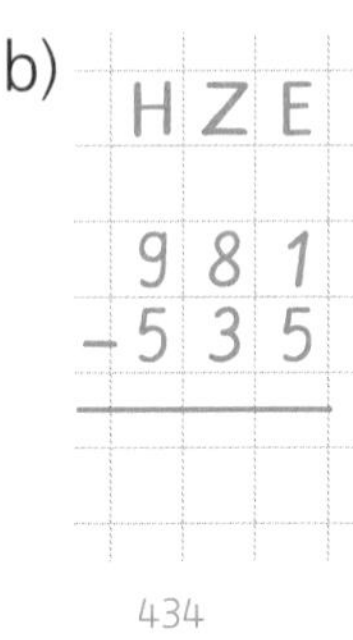
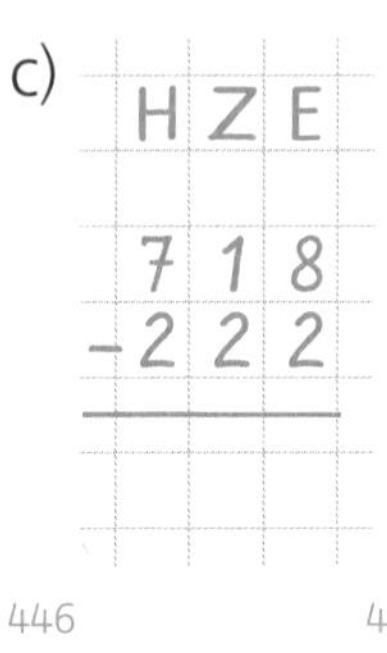
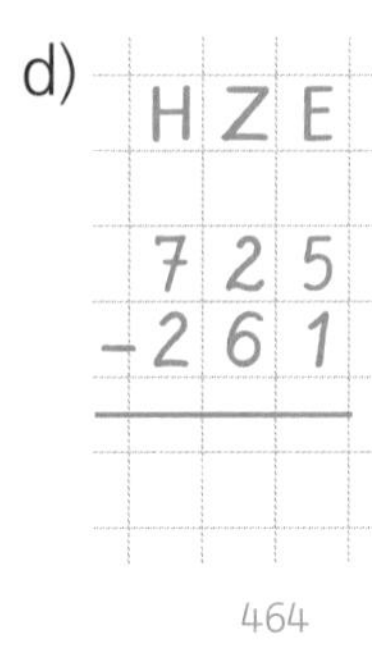

	H	Z	E
a)	8	7	2
−	4	3	8

	H	Z	E
b)	9	8	1
−	5	3	5

	H	Z	E
c)	7	1	8
−	2	2	2

	H	Z	E
d)	7	2	5
−	2	6	1

	H	Z	E
e)	8	6	2
−	4	0	8

426 434 446 454 464 496

3 a) 947 − 483 b) 723 − 358 c) 548 − 278 d) 946 − 565 e) 640 − 169 f) 931 − 427

270 295 365 381 464 471 504

4 Addiere die beiden Ergebnisse. Du erhältst immer 500.

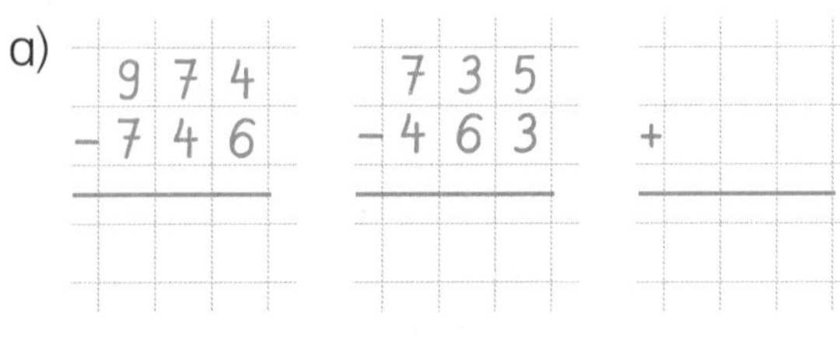
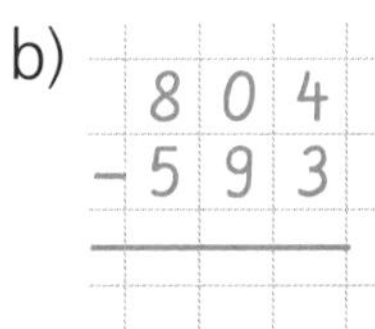

a) 974 − 746 735 − 463 +

b) 804 − 593 996 − 707 +

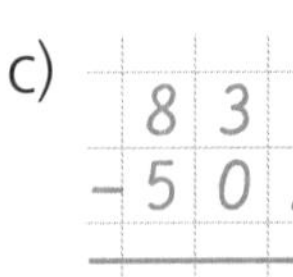
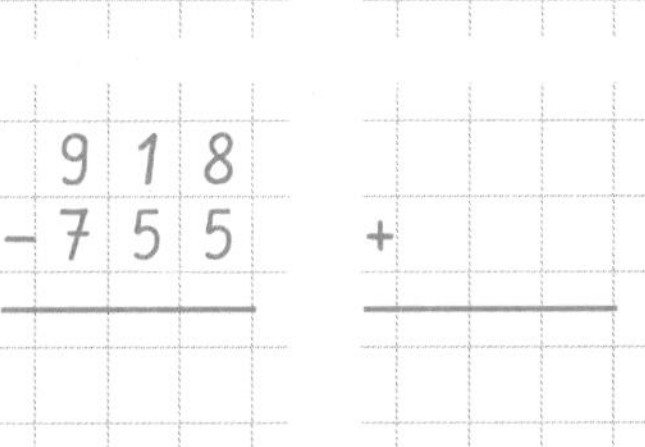
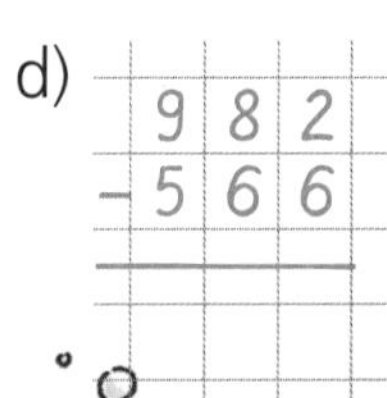
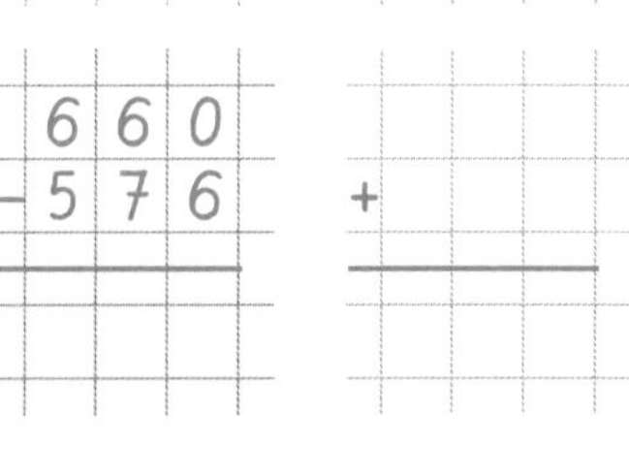

c) 839 − 502 918 − 755 +

d) 982 − 566 660 − 576 +

5 Schreibe untereinander, dann rechne.

a) 853 − 523
b) 302 − 161
c) 507 − 96
d) 314 − 92

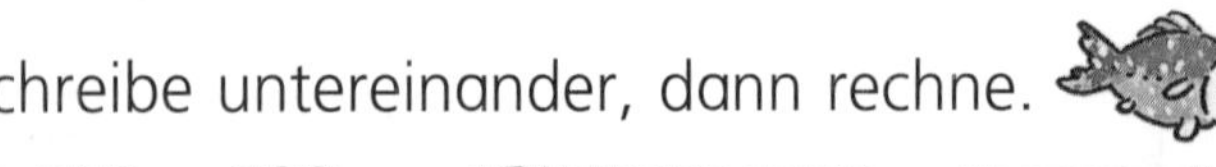

Alle Ergebnisse haben die Quersumme 6.

2 Die Quersumme ist immer 13.

a)

836	378	777
− 418	− 149	− 449

b)

637	408	666
− 174	− 251	− 428

1 Die Quersumme ist immer 8.

a)

638	559	884
− 225	− 335	− 480

b)

876	906	237
− 553	− 403	− 211

3 Die Quersumme ist immer 14.

a)

744	932	476
− 478	− 765	− 219

b)

801	860	880
− 607	− 252	− 146

4 a) 641 − 476 b) 403 − 260
927 − 78 811 − 635

143 165 167 176 849

5

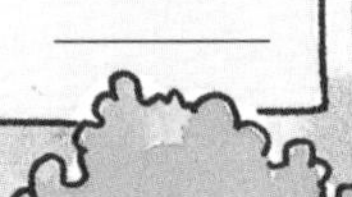

a)

8□6	□7□	3□0
− 24□	− 6□4	− 12□
□44	181	□12

b)

□0□	7□6	47□
− 309	− □9□	− 1□9
2□9	438	□94

6 a) Subtrahiere von 845 die Zahl 157. Vom Ergebnis ziehe noch die Zahl 348 ab.

b) Subtrahiere von 946 die Zahlen 278 und 153. Vom Ergebnis ziehe noch die Zahl 406 ab.

109 217 340

zu Seite 104

Im Kopf oder schriftlich?

Name:

1 Im Kopf oder schriftlich? Wie geht es schneller? Entscheide bei jeder Aufgabe neu. Alle Ergebnisse haben die Quersumme 12.

a) 560 − 35 = ____
427 − 46 = ____
999 − 96 = ____
302 − 11 = ____

b) 411 − 102 = ____
860 − 110 = ____
284 − 101 = ____
432 − 159 = ____

Schriftlich

2 Auch hier haben alle Ergebnisse die Quersumme 12.

a) 666 − 222 = ____
854 − 500 = ____
781 − 499 = ____

b) 1000 − 97 = ____
1000 − 340 = ____
1000 − 394 = ____

3

a) 645 − 302 = ____
427 − 202 = ____
863 − 503 = ____

b) 573 − 210 = ____
886 − 340 = ____
976 − 560 = ____

c) 465 − 199 = ____
875 − 399 = ____
668 − 299 = ____

d) 627 − 499 = ____
627 − 498 = ____
627 − 497 = ____

128 129 130 225 266 343 360 363 369 416 476 546 576

SONDERANGEBOTE!

4 a) Im Sonderverkauf wurde der Preis für eine Daunenjacke von 230 € um 65 € herabgesetzt.

F: ____________________

____

L:

A: ____________________

b) Der Preis für Skianzüge wurde von 320 € um 134 € herabgesetzt.

F: ____________________

____

L:

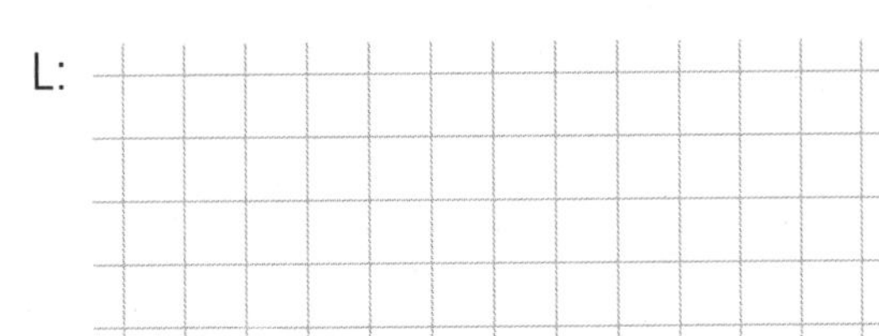

A: ____________________

Rechnen mit Geld

Name:

1 Wie viel Euro bleiben übrig?

a) 

APFEL SAFT
0,67 €

b) 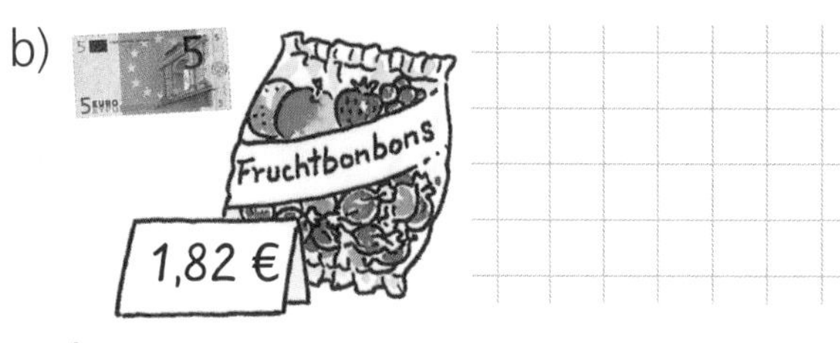
Fruchtbonbons
1,82 €

A: ______________________

A: ______________________

c) 
1,01 €

ORANGEN SAFT

d) 
1,97 €

A: ______________________

A: ______________________

3,18 € 3,97 € 4,33 € 8,03 € 8,99 €

2 Die Kunden zahlen immer mit einem 10-Euro-Schein.

a) 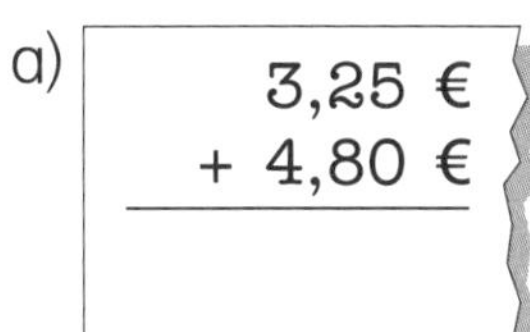
3,25 €
+ 4,80 €

Frau Kahl erhält ________ zurück.

b) 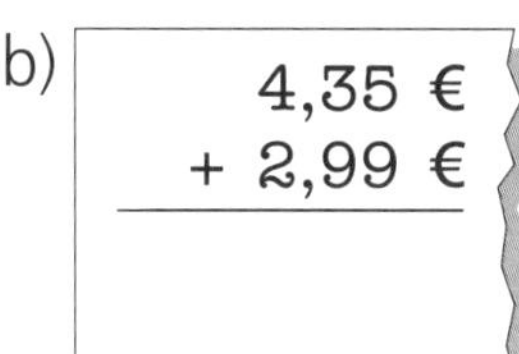
4,35 €
+ 2,99 €

Herr Berg erhält ________ zurück.

c) 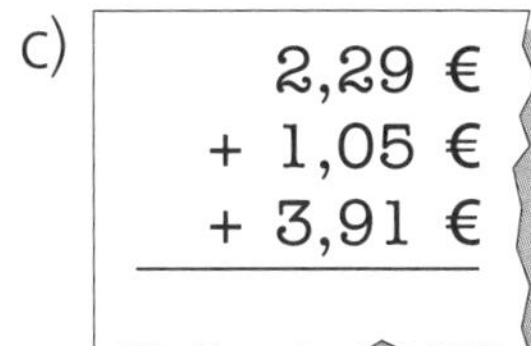
2,29 €
+ 1,05 €
+ 3,91 €

Herr Koch erhält ________ zurück.

d) 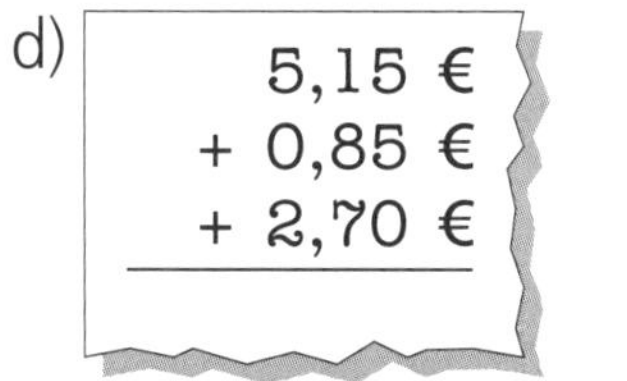
5,15 €
+ 0,85 €
+ 2,70 €

Frau Schmidt erhält ________ zurück.

3 Mutter gibt Simon zwei 10-Euro-Scheine für den Einkauf.

a) Simon kauft ein Buch für 7,85 €. Er zahlt mit einem 10-Euro-Schein.

b) Er kauft eine Kassette für 3,89 €. Er zahlt mit einem 10-Euro-Schein.

c) Zum Schluss kauft er noch einen Radiergummi und ein Rechenheft für seine Schwester Sarah. Er muss 1,95 € bezahlen.

Wie viel Euro hat er noch übrig? Antwort: ______________________

____

zu Seite 107

Überschlag

Name: ____________________

1 Überschlage zuerst, dann rechne genau.

a) Ü: ____________

	5	8	1
−	2	1	8

b) Ü: ____________

	7	4	1
−	4	6	7

c) Ü: ____________

	6	9	5
−	3	1	6

d) Ü: ____________

	8	1	2
−	3	9	6

e) Ü: ____________

	5	6	5
−	2	3	6

f) Ü: ____________

	9	9	5
−	7	1	1

2 Zehn Schlüssel – viele Schatzzahlen.

73
128
176
221
243
304
485
841
908
997
7 Schatzzahlen
zwischen 400 und 600

3 Drei Ergebnisse sind falsch. Überschlage und rechne richtig.

a) 315 − 99 = 216

Ü: ____________

b) 777 − 304 = 373

Ü: ____________

c) 852 − 658 = 104

Ü: ____________

d) 696 − 247 = 249

Ü: ____________

Das kann ich schon

Name: ______

zu Seite 110/111

1 Addiere und subtrahiere schriftlich.

a) 315 + 438 + 97

b) 691 + 244 + 165

c) 516 − 247

d) 1000 − 319

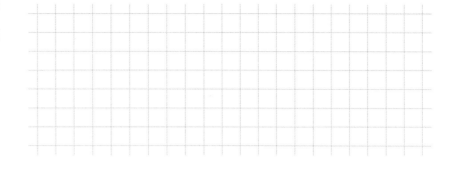

2

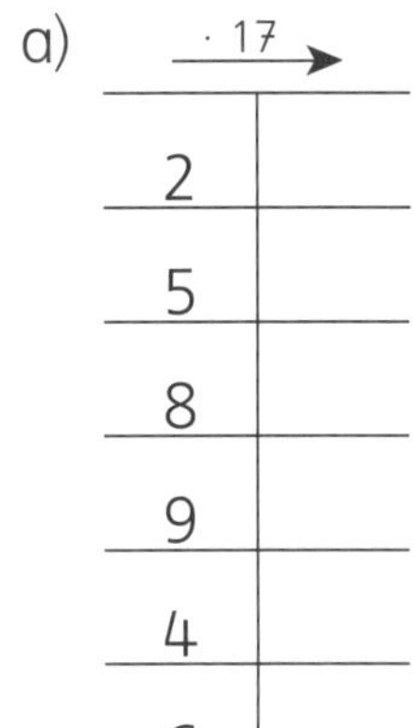

a) · 17 →

2	
5	
8	
9	
4	
6	

b) · 43 →

5	
9	
7	
4	
9	
6	

c) · 25 →

2	
4	
8	
3	
6	
9	

d)

•		8	
	280		
9			
	910		

3 a) Rechne im Kopf.

640 : 8 = ____ 225 : 5 = ____ 459 : 9 = ____ ____ : ____ = ____

680 : 8 = ____ 375 : 5 = ____ 675 : 9 = ____ ____ : ____ = ____

120 : 8 = ____ 85 : 5 = ____ 171 : 9 = ____ ____ : ____ = ____

160 : 8 = ____ 315 : 5 = ____ 495 : 9 = ____ ____ : ____ = ____

____ ____ ____ ____

b) Addiere die 4 Ergebnisse. Was fällt auf? ______________________

____

c) Kannst du auch so ein Päckchen erfinden?

4

1500
700
450
180
163
41
74

5 a) b)

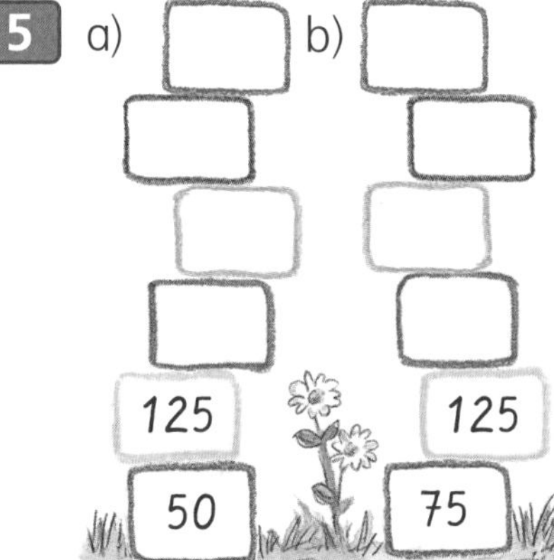
125
50
125
75

Zeitpunkt und Zeitspanne

Name:

1

Flugplan von Köln/Bonn	
nach Las Palmas	
ab K/BN	an Las Palmas
9.55 Uhr	14.10 Uhr
nach Istanbul	
ab K/BN	an Istanbul
17.25 Uhr	20.05 Uhr
nach Palma de Mallorca	
ab K/BN	an Palma de Mallorca
8.45 Uhr	11.10 Uhr

Verena fliegt mit ihren Eltern um 8.45 Uhr nach Mallorca.
Wie lange dauert der Flug?

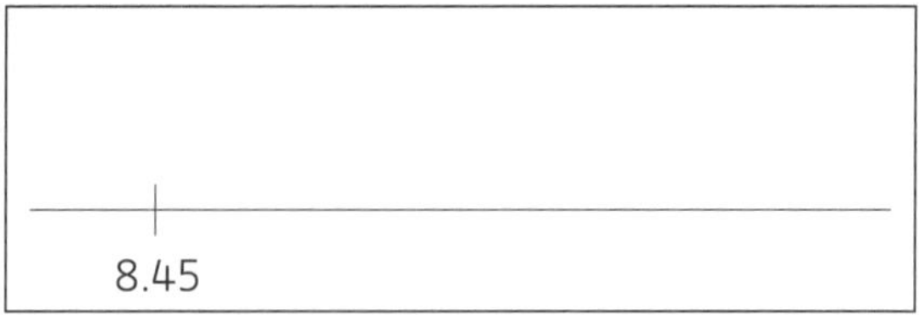
8.45

Der Flug dauert: ____ h ____ min

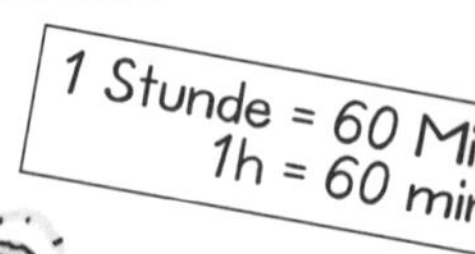
1 Stunde = 60 Mi
1h = 60 mi

2 Wie lange dauern die Flüge nach Las Palmas,

Dauer: ____ h ____ min

nach Istanbul?

Dauer: ____ h ____ min

3 In der Ferienanlage gibt es ein großes Sportangebot

Unser Sportangebot
Gymnastik: 8.45 – 9.10
Wasserski: Beginn 12.15 (Dauer 2 ½ h)
Tauchen: 15.20 – 17.10
Klettern: Beginn 9.50 (Dauer 2h 15min)

Anfang	Uhr	Uhr	Uhr	Uhr
Ende	Uhr	Uhr	Uhr	Uhr
Dauer	h min	h min	h min	h min

4 Wie lange hat Verena an den Tagen Sport getrieben?

Heute war ich bei der Gymnastik und beim Tauchen.

Heute war ich klettern und tauchen.

Ich bin Wasserski gefahren und geklettert.

__________ __________ __________

5 a) 145 min + ____ min = 3 h
225 min + ____ min = 4 h
23 min + ____ min = 2 h

b) 235 min + ____ min = 5 h
149 min + ____ min = 6 h
11 min + ____ min = 3 h

Baupläne

Name:

zu Seite 117

1 Wer hat welchen Plan geschrieben?
Welcher Plan fehlt? Schreibe den Plan.

Mark
Ina

			2	1
3	1	1	1	1

Ina

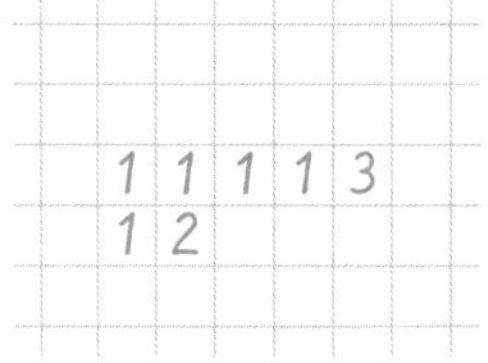
1 1 1 1 3
1 2

1	1
2	1
	1
	1
	3

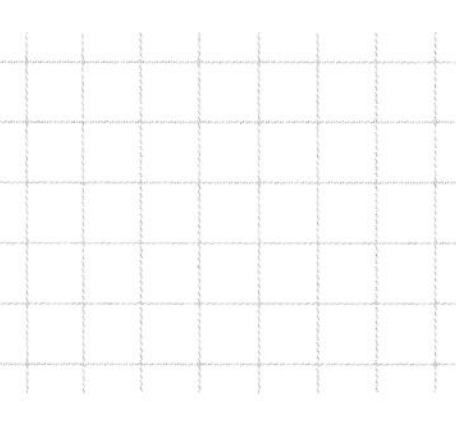

2

		4
		2
1	1	2
		2
		2
		1

4	2	2	2	2	1
		1			
		1			

Mark
Ina

3 Schreibe die Pläne.

Mark
Ina

2 3 4 5 1 1 2

Mark

Zahline

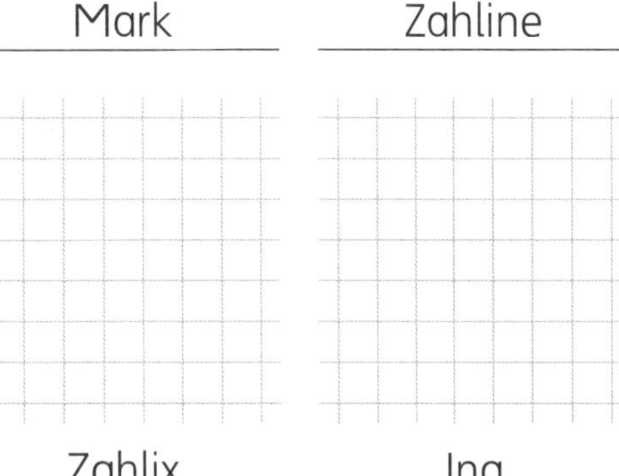

Zahlix

Ina

Dividieren mit Rest

Name:

1 Mini, die Springmaus macht 6er-Sprünge. Sie springt zuerst bis zur 300.
Wie viele Sprünge macht sie? Kann sie dann die Zahl 339 erreichen?

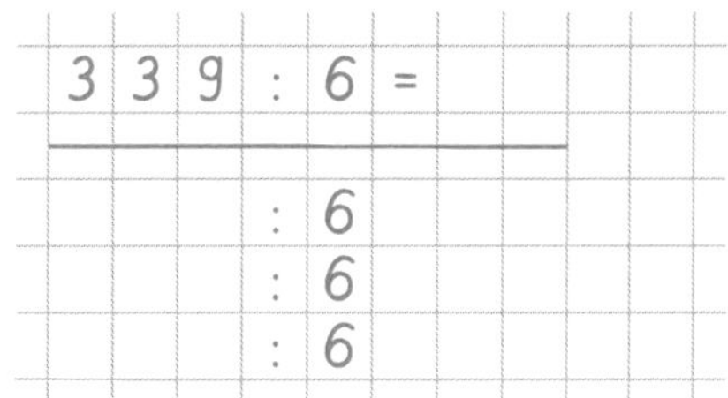
339 : 6 =
: 6
: 6
: 6

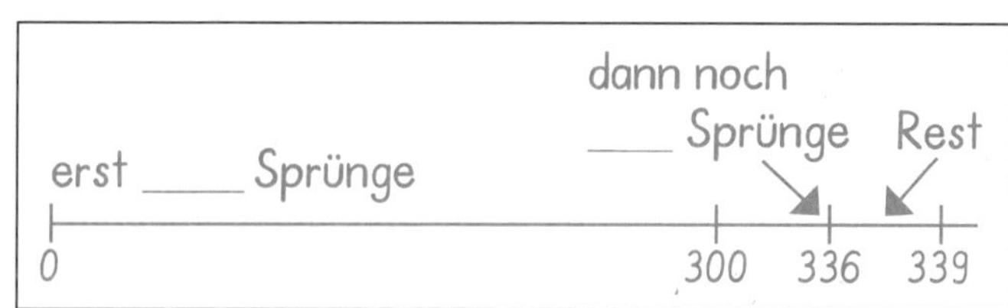
dann noch
___ Sprünge
Rest
erst ___ Sprünge
0
300
336
339

Mini macht ___ Sprünge und landet auf ___. ___ bleibt als Rest.

2

a) 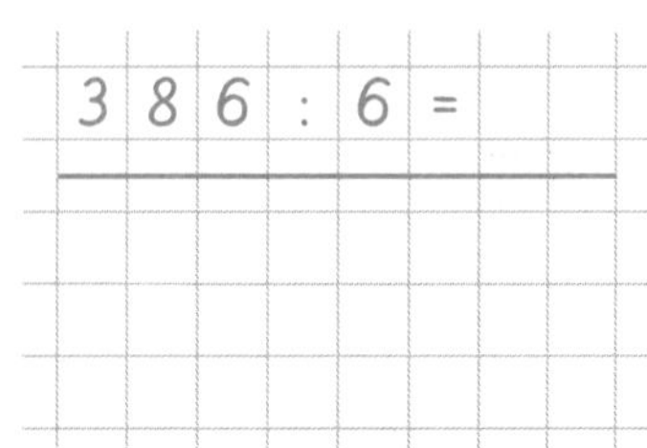
386 : 6 =

b) 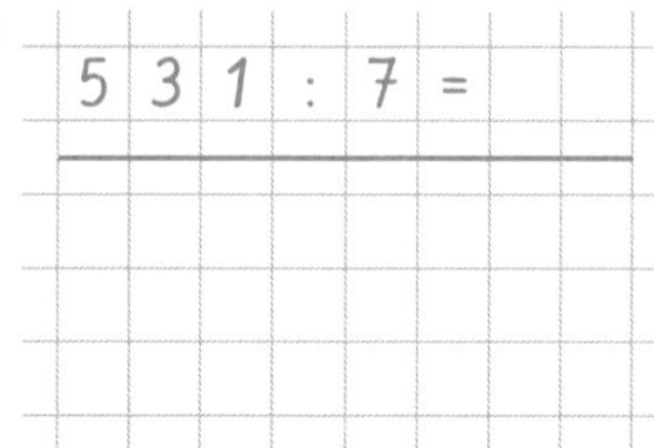
531 : 7 =

c) 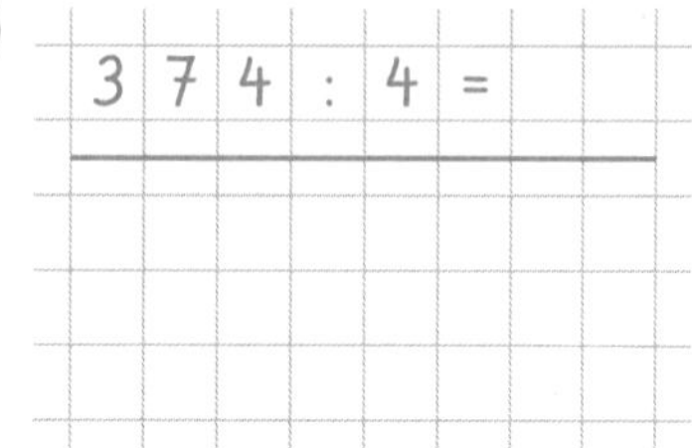
374 : 4 =

d) 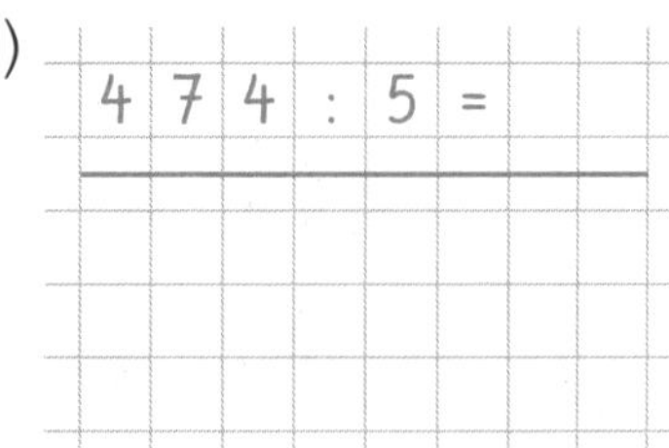
474 : 5 =

e) 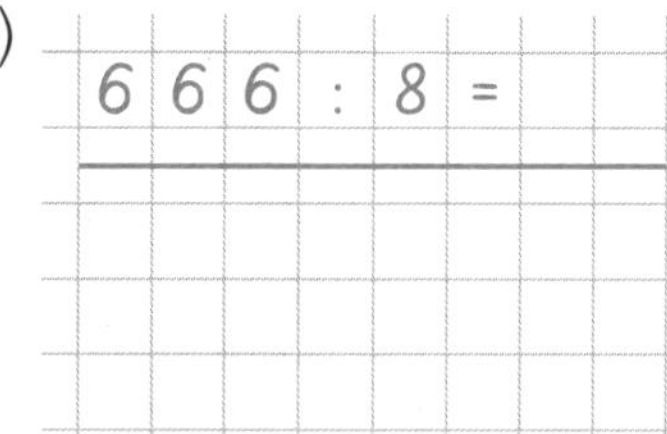
666 : 8 =

f) 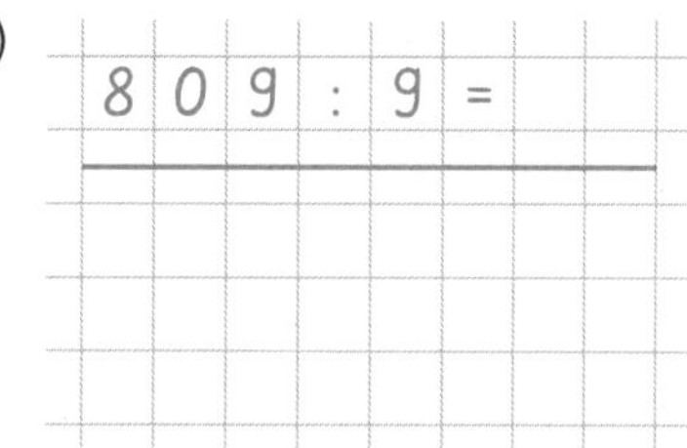
809 : 9 =

3 Frau Schneider hat 220 Murmeln gekauft.
Sie möchte die Murmeln an ihre 3 Kinder verteilen.

F: ______________________

L:

A: ______________________

RMELN

4 Kreise die Zahlen ohne Rest ein.

a) 
: 2
315
294
137
233
405
160
367
471

b) 
: 5
871
240
475
810
472
100
1000
822
977

c) 
: 10
190
92
57
153
128
119
66
165